문학의 기본 개념 21

문학생태학

김용민

문학의 기본 개념 (21)

문학생태학

지 은 이 김용민

펴 낸 곳 연세대학교 대학출판문화원

주 소 서울특별시 서대문구 연세로 50

전 화 (02) 2123-3380~2

팩 스 (02) 2123-8673

E-mail ysup@yonsei.ac.kr

홈페이지 http://www.yonsei.ac.kr/press

인 쇄 (주)네오프린텍

2014년 12월 30일 1판 1쇄

2018년 3월 15일 1판 2쇄

ISBN 978-89-6850-080-0 (93800)

값 10,000원

문학의 기본 개념 21

문학생태학

김용민

연세대학교 대학출판문화원

차례

들어가는 말

얀 아르튀스-베르트랑의 『발견: 하늘에서 본 지구 366』에는 그야말로 그림처럼 아름다운 지구 곳곳의 자연을 하늘에서 찍은 사진들이 날짜별로 수록되어 있다. 북극의 빙원, 아프리카의 사막, 캐나다의 원시림, 에콰도르의 화산, 바하마 군도와 갈라파고스 군도의 그림 같은 섬들은 우리가 살고 있는 지구가 얼마나 아름다운가를 생생히 보여주고 있다. 지구 곳곳을 누비며 아름다운 자연을 사진으로 남긴 이유를 아르튀스-베르트랑은 서문에서 다음과 같이 말한다. "십 년 넘게 이 프로젝트를 계속해 오면서 내가 알게 된 사실은 이전 어느 때보다 현재와 같은 수준과 방법으로는 더 이상 자원을 소비하고 생산하며, 이용하는 것을 오래 지속할 수 없다는 것이다." 아름다운 지구의 모습을 앞으로도 계속 볼 수 있을 것인가에 대한 두려움이 그로 하여금 현재의 자연을 사진으로 보여주어 이를 지키려는 우리의 '행동'을 촉구하게 만든 것이다. 그래서 그는 호소한다. "우리는 누구나 우리 아이들의 미래를 위해 매일매일 행동할 수 있으며 또 행동해야 한다."(아르튀스-베르트랑, 2003:서문)

이 상황은 우리 주위에서도 볼 수 있다. 불과 몇 십 년 전만 해도 서울에서도 자연을 가까이서 접할 수 있었는데 이제는 자연의 자취가 대부분 사라져 버렸다. 아르튀스-베르트랑의 책과는 다르지만 역시 산과 나무들에 대한 많은 사진을 함께 수록하고 있는 『게으른 산행』의 저자 우종영은 어린 시절의 정릉 모습을 다음과 같이 설명한다.

> **제가 태어나 자란 곳은 북한산 자락에 위치한 정릉입니다. 지금은 아파트와 콘크리트로 뒤덮여 회색빛으로 변했지만 초등학교를 다닐 때만해도 논과 밭이 있고 청수계곡에서 흘러내린 물에 먹을 감던 곳이었습니다. 봄이면 물오른 버들가지를 잘라 피리를 불고 소쿠리를 들고 나물 캐러 나서는 누이들을 따라 들판에 나서면, 개구리는 어디에 알을 낳고 깜부기는 언제쯤 먹을 수 있을까 기웃거리다 아지랑이에 묻어올라오는 흙냄새에 취해 시간 가는 줄 몰랐습니다.** (우종영, 2004:15)

불과 몇 십 년 만에 서울의 모습은 완전히 바뀌어 버려서 그가 묘사하는 60년대의 풍경은 이제는 상상도 할 수 없는 아득한 이야기가 되고 말았다. 이는 비단 서울과 같은 대도시에 국한된 문제가 아니라 농촌에서도, 아마존 원시림에서도 일어나는 전 지구적 현상이다. 지난 50년간 그 어느 때보다도 더 빠르고 대규모적인 발전이 이루어짐으로써 자연환경 역시 걷잡을 수 없이 변화했기 때문이다. 1950년에 25억 명이던 세계인구는 2002년에 62억, 2013년에 70억을 넘어섰고, 2050년이면 90억이 된다고 한다. 오늘날 세계는 1950년 한 해 동안 소비한 석유를 단 6주 만에 사용하고 있으며 매년 아일랜드의 두 배 크기인 1500만 헥타르의 열대원시림이 사라지고 있다.(루에르, 2003) 이러한 거대한 에너지 소비와 무분별한 환경 파괴는 오존층 파괴, 기후변화, 해양오염, 사막화 현상을 초래하여 지구상의 모든 생물들의 생존을 위협하고 있다. 지구온난화의 주요 원인 중의 하나인 탄소 배출량은 최고조에 달했고 대기권의 이산화탄소 농도도 기록적인 수준이 되었다. 생물학자들은 6500만 년의 생물 역사 속에서 가장 광범위한 생물멸종시대에 접어들었다고 경고한다. 국제자연보호연맹(IUCN)의 조사에 따르면 전 세계적으로 포유류의 약 4분의 1, 조류의 12%, 어류의 30%, 식물종의 약 13퍼센트가 멸종 위협을 받고 있다. 세계의 주요 어업회사들이 붕괴의 위기에 처했으며, 물부족과 토양 황폐화로 현재 지구상에 살고 있는 70억 명 이외에 더 이상의 식량 공급은 어려울 것이라고 말한다.(프렌치, 2001:15) 이러한 상태에서도 여전히 세계 인구의 20%에 해당하는 선진국 주민들이 전 세계 에너지의 53%를 소비하고, 세계 육류의 44%를 먹어치우며, 전 세계 자동차의 80%를 소유하고 있다. 그 결과 지구 생태계는 회복 불능의 상태로 빠져들고 있다.

물론 아직 우리 주위에 자연이 남아있고, 그 자연은 여전히 아름답다. 얀 아르튀스-베르트랑이나 우종영의 글과 사진은 이들 남아있는 자연의 아름다움을 애써 찾아내 우리에게 보여주고 있다. 하지만 이들이 보여주는 자연의 아름다움 뒤에는 우수와 안타까움이 짙게 드리워져 있다. 이대로 나가다 보면 이들마저도 완전히 사라질지 모른다는 불안감이 기조를 이루고 있기 때문이다. 그렇기에 이제는 문학 작품 속에 등장하는 맑은 물, 푸른 산, 소담스런 들꽃, 유유한 구름 같은 소박한 자연의 묘사가 그냥 있는 그대로 아름답게 읽혀지지 않는다. 대신 싸한 아픔으로 다가오거나 역설적이게도 비판과 저항의 몸짓으로 읽힌다. 한때는 우리의 일상이었던 이들 자연이 이제는 인간이 만들어 놓은 인공물들에 밀려 저쪽 한 귀퉁이에 초라하기 그지없게 존재하고 있거나 곧 사라질 위기에 처해있기 때문이다. 자연만 사라질 위기에 처한 것은 아니다. 지구 생태계의 파괴로 인간을 포함한 지구 동식물들의 생존이 위협받고 있는 상황이 점차 현실화되고 있다. 생태계 위기가 단순한 경고가 아니라 현실이 되어가고 있는 오늘날 생태주의 또는 생태학의 중요성이 그 어느 때보다 더욱 커진 이유가 여기에 있다. 생태학은 환경과 생태계 위기가 어디에서 연원하는가를 분석하고 비판할 뿐만 아니라 그 위기를 극복하기 위해 우리가 무엇을 해야 하는지를 집중적으로 탐구하는 학문이기 때문이다. 문학생태학은 이러한 문제에 문학적 방식으로 접근하는 학문이다. 문학사회학이 문학과 사회의 관계를 중심에 두고 문학작품을 연구하는 방법론이라면 문학생태학은 생태학적 관점에서 문학과 환경, 지구 생태계 보전을 위한 문학의 과제와 역할을 연구하는 학문이다. 문학 역시 환경파괴와 생태계의 위기를 고발하고 문제의 근원을 추적하며 지구상의 온 생명들이 함께 살아남기 위한 방안과 대안을 모색하고 있기 때문이다.

문학과 생태학이 결합한 문학생태학이라는 개념은 이제 많이 보편화 되었지만 여전히 낯설고 그것이 정확히 무엇을 의미하는지 분명하지 않다. 그 이유는 우선 생태학이라는 학문 자체가 너무 광범위하고 다양하여 한눈에 조망하기가 쉽지 않기 때문이다. 예를 들어 식물생태학, 동물생태학, 생태인류학, 사회생태학, 정치생태학, 생태철학, 생태경제학, 생태건축, 생태의학, 생태페미니즘, 문학생태학처럼 생태학이 거의 모든 학문분과와 결합하여 다양한 갈래를 이루었다. 자연과학, 사회과학, 공학, 인문학, 예술과 결합한 생태학은 서로 어떤 연관 관계를 갖는지조차 가늠하기 어렵다. 그래서 이들 다양한 생태학의 갈래를 관통하는 근본적인 공통점을 찾는 것이 중요하다. 이들의 공통점은 생태주의 또는 생태학적 인식을 바탕으로 한다는 점이다. 그렇다면 먼저 <생태학>이라는 학문의 개념정의와 역사 그리고 어떻게 해서 다른 학문들과 결합되어 개념의 확장을 이루었는가를 고

찰할 필요가 있다. 이러한 바탕 위에서 <생태문학>과 <문학생태학>의 정확한 개념정의와 성격규정이 가능하기 때문이다. 이러한 문제의식에 따라 이 책의 제1장에서는 생태학과 생태주의, 생태문학과 문학생태학에 대한 개괄과 함께 문학생태학의 과제를 제시하려 한다. 제2장부터는 제1장의 논의를 바탕으로 문학생태학의 실제, 즉 다양한 장르의 생태문학을 직접 분석한다. 생태시, 생태영화, 생태희곡, 생태소설의 분석을 통해 자연파괴의 실상에 대한 고발에서부터 인간과 자연의 공존가능성에 대한 성찰, 과학기술과 핵에너지 문제에 대한 비판, 미래의 생태사회에 대한 모색 등 생태문학의 다양한 주제가 각 작품의 장르 및 매체적 특성과 어떻게 결합되어 드러나고 있는지 살펴볼 것이다. 이를 통해 생태계 위기를 극복하고 에코토피아 사회를 만들기 위해 문학생태학이 어떤 역할과 과제를 담당해야 할지 함께 생각해 보고자 한다.

I 생태학, 생태주의, 생태문학, 문학생태학

1. 생태학과 생태주의[1)]

생태학은 원래 자연과학인 생물학의 한 분과로 출발하였다. 40여 년 전까지만 해도 생태학은 몇몇의 전문 학자들이 연구하는 생물학이나 동물학의 특수한 분과학문에 불과하였다. 그러다가 1970년대 들어서 환경문제가 전 세계적 이슈가 되고, 환경운동이 대두되면서 점점 주목받는 학문으로 자리 잡았다. 환경문제가 많은 사람들의 관심사가 되고 인류의 생존문제가 걸린 실존적 문제로 인식됨에 따라 이를 다루는 학문으로서의 생태학 역시 그 대상과 범위를 넓힌 것이다. 그 결과 이제 생태학은 자연과학의 작은 분과학문에

---

1) 이 책은 〈문학생태학〉에 대한 입문서의 성격을 지니기에 서론 부분인 1장에서 '생태학', '생태문학', '문학생태학'에 대한 간단한 이론적 설명을 하고 나머지 장에서 다양한 장르의 생태문학을 본격적으로 분석하고 있다. '생태학', '생태문학', '문학생태학'의 개념과 역사에 대해서는 필자가 2003년에 펴낸 『생태문학』(책세상, 2003)에서 이미 자세히 설명한 바 있으므로 여기서는 그 책의 해당 부분을 바탕으로 그동안 발전된 논의를 새롭게 추가하는 방식으로 보완하였다.

서 산업사회의 문제를 분석하고 비판하며 나아가서는 인간을 포함한 생태계 전체의 생존을 책임질 새로운 대안사회를 모색하는 인문사회과학까지 그 범위가 확장되었다.

<생태학>(生態學, Ecology, Ökologie)이라는 개념은 1866년에 독일의 동물학자인 에른스트 헤켈 Ernst Haeckel에 의해 처음 사용되었다. 그리스어의 <집> 또는 <살기 위한 공간>을 의미하는 Oikos라는 단어와 <연구>라는 의미의 Logos를 결합시켜 만든 이 개념의 원래 뜻에 걸맞게 헤켈은 생태학을 자연의 제 관계를 다루는 학문으로 정의하고 있다.

> **생태학은 유기체가 그것을 둘러싼 외부세계와 맺고 있는 관계를 연구하는 종합 학문이다. 여기서 말하는 관계 속에는 넓은 의미에서 <유기체>의 모든 실존조건이 포함된다.**
>
> (Haeckel, 1866:286)

이러한 생태학의 정의는 물론 자연과학적 관점에서 내린 것이며 인간은 배제되어 있다. 그러나 이 정의 속에는 생물체와 생태계와의 관계에 대한 새로운 인식, 즉 오늘날의 생태 인식의 싹이 그 바탕에 놓여 있다. 헤켈은 생태학을 다른 용어로 "자연이라는 가정(家庭)을 연구하는 학문"(Schramm, 1984:149)이라 정의하였다. 자연은 여러 구성원들이 모여서 하나의 일정한 체계를 이루는 공동체이기에 그 구성원간의 상호 연관관계를 연구하는 학문이 생태학이라는 것이다. 모든 생물체들이 자연이라는 하나의 커다란 집에 모여 살고 있는 존재이며 상호 영향을 주고받는다는 생각은 바로 오늘날 이야기하는 생태인식의 출발점이 된다. 이러한 새롭고 중요한 인식, 즉 "여러 다른 종(種)들과, 그들의 생활공간을 보존하는 것이 자신이 속한 종(種)의 보존을 위한 전제조건"(Gassmann, 1994:138)이라는 인식이 헤켈의 생태학을 통해 비로소 분명해진 것이다. 이후 생태학은 생물체와 주위 환경과의 상호 연관관계를 연구하는 생물학의 한 분과로 자리 잡아 발전하기 시작한다. 식물이나 동물이 주변 환경과 어떠한 관계 속에 살고 있으며 그 관계가 변함에 따라 상호 어떠한 영향을 주고받는가를 연구하게 된 것이다. 연구하는 생물군의 수준에 따라 생태학은 생리생태학, 개체생태학, 군집생태학, 경관생태학 등으로 구분되고, 연구하는 생태계의 종류에 따라서 고생물학, 생리학, 진화학, 유전학, 행동학 등과 연결되었다.

자연과학에서의 생태학은 이후 생물학의 범위를 넘어서서 여러 학문분과에서 광범위하게 발전하였다. 생태계 위기가 심각해진 오늘날 생태학은 자연과학의 거의 모든 학문분야에서 중요한 역할을 하고 있다. 특히 물리학, 화학, 지질학, 지리학, 토양학, 기상학 등의 분야에서 생태학적 연구가 활발히 진행되고 있다. 오늘날 전지구적 문제로 부상한 동식물들의 급격한 멸종, 지구온난화의 확산, 광범위한 생태계 파괴의 원인과 결과를 분석하는데 자연과학의 거의 모든 학문분과가 참여하고 있다. 우리 인류뿐만 아니라 모든 생물체의 존속을 위해 필요한 생물다양성의 보전, 파괴된 생태계의 복원, 지구온난화 문제 해결, 화석연료에서 재생에너지로의 전환 등을 위해 자연과학에서의 생태학적 연구가 필수적이기 때문이다. 예를 들어 지구온난화와 온실가스 증가 사이의 상관관계를 밝히려면 다양한 학문에서의 협동 연구가 필요하다. 온실가스가 지구 생태계에 어떠한 위험을 야기하고 있으며, 온실가스 가운데 지구온난화에 가장 커다란 영향을 미치는 이산화탄소가 주로 어디에서 발생하며, 역사적으로 어떠한 변화를 보여 왔는지를 분석하기 위해서는 기상학뿐 아니라 지질학, 토양학, 환경공학, 생물학 등에서의 분석이 필요하다. 더 나아가 이산화탄소 발생을 줄이기 위해 석탄연료 대신 태양광이나 바람, 지열, 바이오가스 등의 대체에너지를 사용하는 대체에너지 기술을 개발하기 위해서는 물리학이나 화학 등의 자연과학뿐 아니라 기계공학, 환경공학 등의 공학적 연구도 필요하다. 이처럼 자연과학적 생태학은 오늘날에도 여전히 지구 생태계 보전을 위해 커다란 역할을 하고 있다. 하지만 생태계의 광범위한 파괴와 위기를 가져온 근본적 원인이 인간에 의한 자연지배에 있고 산업혁명 이후 눈부시게 발전한 기술문명 때문이라고 할 때 이러한 문제를 분석하고 해결하는 것은 자연과학을 넘어서서 인문사회과학의 연구영역에 속한다. 지구온난화 문제를 해결하기 위해서는 자연과학적 노력뿐 아니라 인간의 사고방식, 생활방식 그리고 기술문명의 발전에 대한 근본적 문제제기와 대안적 가치질서의 도입이 필수적이기 때문이다. 그렇기에 생태학은 자연과학뿐 아니라 인문사회과학의 영역으로 확대되어 발전하였다.

사회과학에 생태학이 도입된 것은 1920년대이다. 생태학은 인간 상호간의 관계와 인간이 생태계에 미치는 영향을 연구대상으로 받아들임으로써 사회과학으로 확대된다. 1920년에 미국 생태학자인 버링턴 모어 B. Moore가 "인간과 환경간의 관계를 다루는 연구를 수행하는" 지리학을 <인류생태학>이라 정의하고, <인류생태학>은 생태계에서 벌어지는 사건에 인간이라는 "환경요인"이 커다란 영향을 끼치고 있으며, 많은 경우 주도적 역할을 하기 때문에 "생태계를 연구할 때 인간을 포함시켜야 한다"고 주장하였다.(Bick, 1998:6) 이에 따라 인류생태학의 연구주제는 인간이 거주하는 공간과 생활방식이 생태계에 미치는 영향으로 확대되었다. 그 결과 생태학은 사회학과 인문지리와 결합되어 새로운 영역을 개척함과 동시에 환경운동과도 만나게 된다. 생태학의 발전은 생태계가 <생명의 고리>로 서로 서로 연결되어 있으므로 하나의 전체 체계로 보아야 하며, 이 각각의 생명의 고리들은 그것이 인간에게는 쓸모없거나 하찮게 보인다 해도, 더 나아가서 인간이나 인간에게 유익한 동물에게 해를 끼치는 존재라 해도 생태계의 <균형>을 위해서는 꼭 필요한 존재라는 인식을 불러일으켰다.

생태학이 인문학과 사회과학의 영역으로 확대된 것은 인간에 의한 환경파괴가 가속화되어 생태계 위기가 심각해졌기 때문이다. 무분별한 자연 개발과 착취로 인한 피해가 속출하고, 천연자원이 고갈되고, 많은 동식물이 멸종위기에 놓이고, 토양과 하천 그리고 바다가 오염되어 인간에게 직접적인 위협을 가하는 상황에 직면하자 지구 생태계 전체의 생존 가능성에 주목할 수밖에 없게 되었다. 그에 따라 생태학에는 인간에 의한 환경오염과 자연착취, 산업화의 문제, 기술문명과 인간사회의 문제, 인구문제, 자본주의 생산양식의 문제 등과 같이 생태계 위기와 직접적인 관련이 있는 요인들을 분석하는 과제가 주어졌다. 그 결과 지금과 같은 방식으로는 안 된다는 반성과 경고가 잇따랐다. 신학자인 레오나르도 보프 Leonardo Boff의 진단처럼 "생태적 위기는 우리의 생활 체제, 사회 모델, 발전 모델이 근본적으로 위기에 빠졌음을 보여"(보프, 1996:44)주기 때문이다. 그에 따라 생태학에는 생태계의 현 상황을 분석하고 미래의 상황을 예견, 경고하는 수준을 넘어서는 좀 더 근본적인 과제가 부여되었다. 생태학에는 환경을 파괴하지 않는 새로운 사회제도 및 경제제도의 창출, 대안적 기술의 도입 등 생태계 위기를 극복할 근본적으로 새로운 대안을 마련해야 하는 역할이 주어졌다.

자연과학적 생태학이 생태계 파괴의 문제를 전체 생태계와의 연관 하에서 분석하고 어디에 그 원인이 있으며 미래에 어떻게 변화할 것인가를 밝혀낸다면 그러한 직접적 원인을 가져온 인간의 사고방식이나 사회구조, 종교적 배경 등에 대해 연구하는 것이 인문사회학적 생태학이다. 더 나아가서 현재의 생태계 위기를 불러온 우리의 사고방식, 정치 및 경제제도, 생활방식, 자연에 대한 태도 등을 종합적으로 문제 삼고 그와는 질적으로 다른 새로운 패러다임을 마련하는 과제는 자연히 사회학, 정치학, 경제학, 인류학, 문학, 철학, 신학 등의 정신과학에 속할 수밖에 없었다. 그 결과 인문사회과학 분야에서의 생태학이 다양하게 발전하였다.

70년대 이후 생태계 문제가 전지구적 관심사가 되면서 인문사회과학의 거의 모든 영역에서 생태학을 받아들였다. 그에 따라 <생태철학>, <심층생태학>, <사회생태학>, <인류생태학>, <심리생태학>, <정치생태학>, <생태경제학>, <생태윤리학>, <생태페미니즘>, <생태사학>, <문학생태학> 등의 이름으로 생태학과 관련한 새로운 흐름이 생겨났다. 새롭게 등장한 이들 생태학은 각자 자신이 속한 학문영역의 고유한 방법론과 관심을 가지고 생태계의 문제에 접근하고 있기에 매우 다양한 모습을 보여준다. 그러나 이들 다양한 생태학은 인간과 자연, 기술과 사회와의 관계 및 인간의 생활양식과 제도를 생태학적 관점에서 다시 질문하고 비판하며, 새로운 해결책을 모색한다는 점과 지구의 모든 생명체는 그물망으로 연결되어 서로 영향을 주고받는다는 생태학적 인식을 바탕으로 하고 있다는 점에서 공통점을 지닌다. 이들 다양한 학문영역에서의 생태학은 공통적으로 현재의 생태계 위기의 주요 원인을 인류의 프로메테우스적 개발계획과 자연에 대한 인간의 가차 없는 지배에서 본다. 또한 과학적 지식의 성장, 기술의 진보, 경제활동 등을 지고의 가치로 만든 근대적 사고방식을 문제 삼는 점에서도 공통적이다. 다만 이러한 자연지배를 가능케 한 근대적 사상의 뿌리를 어디에서 찾아야 할 것이며, 어떤 요인을 생태계 파괴의 주원인으로 볼 것인가에서 조금씩 다른 입장을 보인다. 이들은 각각의 입장에 따라 인간중심주의, 이원론적 세계관, 인간에 의한 자연의 지배, 이성중심주의, 인간에 의한 인간의 지배, 기술중심주의, 성장제일주의, 남성중심주의, 자본주의 생산체제 등이 바로 오늘날의 생태계를 회복할 수 없을 정도로 파괴시킨 근본 원인이라 지목하고 문제 삼는다. 일부는 자본주의 경제체제 자체에서 그 주요원인을 찾기도 하고, 다른 이는 인간의 본성에서, 인간이 인간을 지배하는 지배질서에서, 기독교 신학의 인간중심주의적인 교리에서, 인간의 잘못된 윤리적 태도에서 찾기도 한다. 또는 여성에 대한 남성의 억압과 지배관계에서 찾는다. 결국 이들 다양한 생태학은 현대사회를 지탱하고 있는 모든 것들, 즉 개인의 생활태도와 사고방식, 자본주의 경제체제, 사회구조, 생산양식, 지배관계, 윤리적 태도 등이 지금의 생태계 위기와 관련 있다고 본다. 이러한 원인 분석을 토대로 이들 생태학은 현재의 인간과 자연과의 관계 및 인간의 의식, 세계관, 제도 모두가 근본적으로 바뀔 때 비로소 환경위기가 극복될 수 있다고 말한다.

인문사회과학 분야의 다양한 생태학들은 그러나 분명한 공통기반 위에 자리 잡고 있다. <생태의식>에 비추어 사고를 하며 지금까지와는 질적으로 다른 새로운 패러다임을 요구한다는 점에서 공통점을 지닌다. 각 학문분야별로 제기한 문제나 해결책이 제각각 다르다 하더라도 적어도 현재의 자연파괴적인 산업사회를 비판하며 새로운 생태사회를 건설하려 한다는 점에서는 서로 일치한다. 다양한 생태학의 유파에도 불구하고 이들의 핵심논점은 결국 어떻게 새로운 생태사회를 구성할 것인가에 놓여있다. 산업사회와 자본주의를 대체할 대안사회인 생태사회를 위해서는 새로운 관점과 사상이 필요하다. 새로운 사상의 핵심은 유기체적, 전일적으로 세계를 보며, 모든 것은 다른 모든 것과 서로 깊이 연관되어 있으며, 전체를 부분으로 쪼개서는 안 되고 부분과 전체의 상호 연관관계를 연구해야 하며, 우주는 역동적이며 살아 움직인다는 관점이다. 생태사회를 위해서는 자연에 대한 인간의 태도, 자연 속에서의 인간의 역할, 사회적 가치, 종교적 관점, 교육과 연구·정치경제적 체제 모든 분야에서 기존의 가치를 문제 삼고 이와는 다른 새로운 가치와 기준을 마련해야 하는 일이 생태학에 주어진 과제이다. 이러한 입장을 잘 정리해 놓은 것이 심층생태학의 주요 이론가인 네스와 세션즈가 1984년에 발표한 8개항의 기본원칙이다.

1) 지구상에 있는 인간과 인간 이외의 생명의 건강과 번영은 그 자체로 내재적 가치를 지닌다. 이 가치는 인간 이외의 세계가 인간의 목적에 유용한가 아닌가 하는 것과는 별개의 것이다.
2) 생명체의 형태가 지니는 풍부함과 다양성은 이러한 가치를 실현하는 데 기여하며, 그 자체로도 가치 있는 것으로 보아야 한다.
3) 인간은 자신의 생존을 위해 필요한 경우를 제외하고는 이러한 생명체의 풍부함과 다양성을 감소시킬 권리를 갖고 있지 않다.
4) 인간의 생명과 문화의 번영은 인구의 실질적 감소에 달려 있다. 인간 외의 생물체의 번영을 위해서도 인구의 감소가 요구된다.
5) 오늘날 인간 밖의 세계에 대한 인간의 간섭이 너무 지나치며, 이러한 상황은 점점 빠르게 악화되고 있다.
6) 그러므로 정책이 바뀌어야 한다. 변화된 정책은 기본적인 경제, 기술, 이데올로기 구조에 영향을 미칠 것이다.
7) 이데올로기의 변화는 생활수준의 향상에 집착하기보다는 삶의 질의 진가를 인정하는 데에(내적인 가치를 지니는 상황을 인식하는 데에) 중점을 두어야 한다. 그러면 많은 것과 좋은 것 사이의 차이를 진정으로 인식할 수 있을 것이다.
8) 위에서 설명한 항목에 동의하는 사람은 직접적이건 간접적이건 필요한 변화를 실행하기 위한 노력에 참여할 의무를

지닌다.(Devall, Sessions, 1985:70)

생태학의 기본원칙은 전지구적 생태계의 균형과 그 속에 철저히 종속되어 있는 인간의 실존 가능성을 문제 삼는 기본사상이 되어야 한다. 여러 분과학문에서의 개별적 성찰과 대안 제시는 생태계의 현 상황을 분석하고 연구하는 자연과학적 생태학과 마찬가지로 생태계의 위기를 극복하기 위해 매우 중요하다. 그러나 오늘날의 생태계 문제는 어느 한 부분이 아니라 인류의 문명 전체, 인간과 자연과의 관계 전체, 사회 전체와 관련 있는 종합적 문제이다. 그렇기에 이 문제를 해결하기 위해서는 개별적 노력과 더불어 이를 통합하는 기본사상이 필요하다. 생태학은 이제 자연과학적 생태학과 인문사회과학적 생태학의 연구성과를 종합하여 인류사회와 지구 생물체 전체의 공존을 추구하는 기본사상으로 발전해야 한다.

이것을 머레이 북친은 "오늘의 생태적 사상은 2세기 이전의 계몽사상 이래 가장 중요한 종합적 사상을 제공할 수 있다"는 말로 요약하고 있다.(북친, 1998:23) 18세기에 등장한 계몽주의가 정치, 경제, 사회, 문화, 예술, 종교, 윤리 등 사회의 거의 모든 영역에서 새로운 변화를 이끌어낸 기본 사상이 된 것처럼 오늘날에는 생태사상 또는 생태주의가 지금까지와는 근본적으로 다른 생태사회를 만들기 위한 종합 사상이 되어야 한다는 것이다.

앤드루 돕슨은 <생태주의 ecologism>를 "인간 사회와 자연의 관계에 대해 근본적인 문제를 제기하고 이에 답변하는 다양한 정치적 이데올로기"라고 정의한 바 있다. 다시 말해서 생태주의는 "현대적 산업화 이후 등장하게 된 환경위기, 특히 전지구적인 환경 위기의 원인이 무엇인지, 이를 어떻게 극복할 것인지에 대한 다양한 정치적 입장과 이념을 의미"(이상헌, 2011:18)한다는 것이다. 돕슨은 생태주의를 정치적 이념으로 좁혀 이야기했지만 생태주의는 인간과 자연, 인간과 생태계의 관계를 바라보는 근본 이념이자 기본 철학이라고 할 수 있다. 18세기의 계몽주의나 19세기의 맑시즘이 사회의 모든 영역을 아우르는 기본 이념을 제공한 것처럼 생태주의 역시 정치, 사회, 경제, 문화, 예술 모든 영역에 적용되는 새로운 관점이자 사상이다. 그런 면에서 생태주의라는 개념은 생태학보다 좀 더 보편적 성격을 지닌다. 생태학은 학문적 담론에서 출발했기 때문에 기본적으로 학문적 성격을 지니며 때로는 분과학문 분야에 국한되기도 한다. 그에 비해 생태주의는 기본 이념이나 관점을 지칭하는 것으로 사회 여러 분야 모두에 광범위하게 적용할 수 있는 장점을 가지고 있다. 하지만 심층생태학이 새로운 생태사상이나 철학을 강조하고, 사회생태학 역시 <사회생태론>이라고도 불리는 것처럼 인문사회분야의 생태학은 분과학문의 범위를 넘어서서 사회 여러 분야를 아우르는 철학이나 이념을 포함하고 있다. 인문사회 분야의 생태학은 환경파괴와 생태계 문제를 어떻게 극복하고 모든 생명체가 함께 어울려 조화롭게 살아가는 새로운 생태계를 어떻게 만들어 갈 것인지에 대한 기본 정신이나 이념을 제시해야 하기에 생태주의라 할 수 있다.

2. 생태문학과 문학생태학

문학은 이미 오래 전부터 인간에 의한 자연파괴, 산업사회의 폐해, 물질문명의 문제와 그에 대한 새로운 대안을 문학 특유의 감수성과 상상력 그리고 현실과의 대결을 통해 제기해 왔다. 문학생태학은 이러한 문제를 다룬 문학을 연구하는 인문사회 생태학의 한 분과이다.

기술문명이 야기한 환경문제가 사회적 이슈로 부각되기 시작한 1970년대 이후 유럽과 미국에서 환경운동이 활발하게 일어났다. 환경의식이 일반대중에게까지 광범위하게 확산되자 문학에서도 환경문제에 눈을 돌리게 되었다. 유럽과 미국에서는 이미 1970년대 초반부터 다양한 이미지와 형상화를 통해서 생태계 문제를 본격적으로 다루기 시작한 문학 작품이 등장하기 시작하였다. 이에 따라 새로운 경향의 문학을 연구하는 <문학생태학 Literary Ecology>이라는 용어가 1974년에 미국의 문학 이론가인 조셉 미커 Joseph W. Meeker의 책에서 처음으로 사용되었고, 80년대 중반부터는 생태문학에 대한 본격적인 연구서들이 등장하게 되었다. 이후 생태문학은 생태시, 생태소설, 생태비평, 생태희곡,

생태영화, 생태동화 등과 같은 다양한 개념으로 분화되어 하나의 커다란 흐름을 형성하게 된다. 90년대 들어서면서부터는 생태문학에 대한 토론회와 학술대회 그리고 대학에서의 강좌 등이 이루어지면서 생태문학 연구는 미국에서 활발하고 생산적인 양상을 띠고 진행되고 있다.

환경운동이 활발하게 벌어지고 생태의식이 고양된 독일에서도 70년대 이후 환경문제를 다룬 문학이 많아지면서 새로운 조류를 형성하게 되었다. 독일에서는 80년대에 들어서야 비로소 <생태시>라는 개념이 처음 등장한다. 뮌헨 대학의 정치학 교수인 마이어-타쉬가 1981년에 사화집을 엮어 내면서 제목을 『직선들의 뇌우 속에서. 독일의 생태시』라고 붙임으로써 처음으로 <생태시>라는 용어가 등장하였다. 이후 시에서 뿐만 아니라 소설이나 희곡, 에세이 등에서 생태문제를 중심 테마로 삼는 작품이 늘어나면서 이들 모두를 포괄하는 개념으로서 <환경문학>, <녹색문학>, <생태문학>이라는 이름이 등장한다.

국내에서도 90년대 이후부터 생태문학에 대해 활발한 논의가 이루어지고 있다. 1990년 겨울에 이동승이 『외국문학』에 독일의 생태시를 소개하고 같은 호에 김성곤의 「문학 생태학을 위하여」가 실리면서 생태문학에 대한 논의가 시작되었다. 이후 1998년에 김욱동이 『문학생태학을 위하여』에서 문학생태학에 대한 본격적인 소개를 하였고 필자가 2003년에 『생태문학』을 펴냈다. 2000년대에 들어서면서는 국문학과 영문학을 중심으로 생태시, 생태소설, 생태희곡에 대한 개별 연구가 활발해졌고, 문학생태학에 관심을 가진 연구자들이 모인 <문학과 환경학회>가 결성되어 2002년부터는『문학과 환경』이라는 문학생태학 전문 학술지까지 발행되고 있다. 또한 1990년대 후반부터 한국 생태문학에 대한 박사논문이 여럿 발표되었다.[2] 이처럼 국내에서의 문학생태학 연구는 상당한 진척을 이루었지만 개념에 대한 합의가 아직 이루어지지 않아 여러 용어가 뒤섞인 채 사용되고 있다.

우선, 혼란을 일으키는 <문학생태학>과 <생태문학>의 관계부터 살펴보자. 문학생태학과 생태문학은 엄연히 다른 개념이다. 생태문학은 생태적 인식을 담고 있는 문학작품을 지칭하고 문학생태학은 생태학 이론을 바탕으로 생태문학을 연구하는 방법론을 말한다. 사회학 이론을 문학에 적용하여 연구하는 것을 문학사회학이라고 부르는 것처럼 생태문학을 연구하는 학문이 문학생태학인 것이다. 이때 문학사회학은 연구방법론을 말하지 사회문제를 비판하는 참여문학이나 사회비판적 문학작품을 지칭하지는 않는다. 이런 관점에서 보면 문학생태학은 생태주의적 문제의식을 갖고 문학 작품을 연구하는 연구방법론을 뜻한다. 즉, 문학과 사회

2) 한국 생태문학에 대한 박사논문으로는 조윤아, 임도한, 장정렬, 곽경숙, 김종성, 손민달, 이은실의 논문이 있다. 이들에 대한 자세한 소개는 김종성,『한국 환경생태소설 연구』, 서정시학 2012, 26쪽 참조.

와의 관계를 중심에 두고 문학작품을 분석하는 것이 문학사회학인 것처럼 문학생태학은 당연히 생태학적 관점에서 문학작품을 분석하고 연구하는 방법론을 말한다. 환경문제나 생태계 위기의 현황을 점검하고 그렇게 된 원인을 따지며 그것을 해결할 새로운 패러다임을 모색하는 시나 소설, 희곡 작품이 생태문학이라면 이 작품들을 분석하고 연구하는 것이 문학생태학이다. 이처럼 생태문학과 문학생태학은 엄연히 다르기에 두 개념을 구분해서 사용할 필요가 있다.

문학생태학과 생태문학의 구분과 함께 생태문학을 지칭하는 다양한 용어도 정리가 필요하다. 지금까지 생태문학과 관련하여 나온 용어만 해도 <생태문학>, <환경문학>, <환경생태문학>, <생태환경문학>, <녹색문학>, <생명문학> 등 그야말로 다양하다. 사실 이들 개념은 용어만 다를 뿐 지향하고 있는 방향이나 내용은 거의 비슷하다고 할 수 있다. 필자는 2003년에 펴낸 저서 『생태문학』에서 생태시, 생태소설, 생태희곡 등과 같이 생태 인식을 바탕으로 한 문학작품을 통칭하는 개념으로 생태문학이라는 용어를 사용할 것을 제안한 바 있다. 하지만 여전히 생태문학과 함께 다양한 용어가 혼용되어 쓰이고 있다. 이중에서도 가장 많이 사용되는 용어는 <생태문학>, <녹색문학>, <생명문학>이다.

생태문학을 대신해 자주 쓰는 개념이 녹색문학이다. 녹색문학의 주창자는 이남호인데 그는 현재의 환경위기를 극복할 수 있는 문학으로 녹색문학을 내세운다. 그에 따르면

"녹색문학은 자체의 방식으로 녹색이념의 가치와 미학을 추구하고 실현하고 확산하는 문학"(이남호, 1997:20)이다. 이때 녹색이념이란 "인간의 모든 자연 파괴와 물질문명을 극복하고 그 대신 인간이 자연과 더불어 조화롭게 살 수 있도록 정치적 경제적 사회적 문화적 변혁을 기도"하는 이념이며 다른 한편으로는 "자연 속에 이미 내재하는 가치와 질서와 미학을 존중하고 추구하는 인간의 삶을 지향"하는 것을 말한다. 녹색이념에 기여하는 녹색문학은 감성을 계발하고 훈련시키는 특성을 갖기에 "녹색가치와 녹색미학의 아름다움에 대한 민감한 감성을 일깨워줌으로써 물질문명적 삶의 황폐화에 대한 효과적인 항체"(이남호, 1997:22)가 될 수 있다.

이남호가 주장하는 녹색문학은 많은 점에서 생태문학적 특징을 지닌다. 현재의 환경위기를 근대 과학기술의 발달 때문으로 보고 문명의 토대와 관련된 근대의 위기로 파악하는 점에서 심층생태학적 입장에 가깝다. 현재의 위기를 극복하기 위해서는 자연과 존재에 대한 근본적인 인식의 변화와 함께 감수성과 감각의 변화를 가져와야 한다는 주장도 마찬가지이다. 이에 걸맞게 녹색문학은 기본적으로 생태의식을 바탕으로, "존재하는 모든 것들에 대한 사랑과 연민 그리고 경외감"(이남호, 1997:25)을 보여주어야 한다. 그렇기에 녹색문학은 사물이나 환경과의 내밀한 연관, 자연에 대한 '염치의 마음', 순환적 세계관, 인간과 자연의 일체화, 녹색의 회복 및 자연으로의 회귀를 강조하는 문학이다. 이 모든 특성은 생태문학의 기본 특성과 일치한다.

김욱동 역시 녹색문학이라는 개념을 선호한다. 그는 "<문학은 녹색이다>라는 구호보다는 <문학은 녹색이어야 한다>라는 구호로 바뀌지 않으면 안 된다"(김욱동, 1998:27)고 주장한다. 모든 문학작품이 "모두 생태주의적인 특성을 지니고 있지는 않"으며 "문학작품에는 반생태주의적인 문학도 얼마든지" 있기 때문에 "'모든 문학작품은 녹색이다' 라는 명제는 받아들이기 어렵다"(김욱동, 2003:24-25)는 것이다. 김욱동이 말하는 녹색문학은 "생태 의식을 불러일으키고 궁극적으로 생태 위기를 극복하는 데 크게 이바지"(김욱동, 1998:28)하는 문학이라는 점에서 생태문학과 동의어이다. 그래서 그는 "생태위기에 관한 관심을 녹색이라는 색깔로 표현한다면 생태위기를 다루는 문학은 가히 <녹색문학> 이라고 부를 만하다."(김욱동, 1998:43)라고 말한다.

그는 2003년에 펴낸『생태학적 상상력』에서는 "환경위기나 생태계 위기와 관련한 스펙트럼 전체를 포함하는 문학이 바로 녹색문학이다"(김욱동, 2003:38)라며 녹색문학을 강조한다. 더 나아가 그는 '연성' 녹색문학, 즉 "생태의식을 묵시적으로 전달하는 문학"과 '강성' 녹색문학, 즉 "그것을 직접 드러내놓고 명시적으로 전달하려는 문학"(김욱동, 2003:25)을 나눈다. 이후 그는『한국의 녹색문화』(2000),『녹색경전』(2001),『녹색고전』(2013)등의 책을 통해 녹색을 점점 더 강조하고 있는 듯하다. 그러나 2011년에 펴낸 책『적색에서 녹색으로』에서는 부제를 <김욱동 생태문학 비평집>으로 붙여서 아직도 녹색문학과 생태문학을 섞어 쓰고 있는 상태이다.

녹색문학이라는 용어는 생태문학 보다는 훨씬 친숙하고 그 뜻이 무엇인지도 쉽게 파악할 수 있다는 장점이 있다. 녹색이라는 개념 자체가 우리에게 친숙하기에 녹색문학하면 무엇을 의미하는지 알 수 있기 때문이다. 녹색문학이나 녹색비평, 녹색사회 모두 이해하기 쉬운 개념이다. 그러나 이 개념이 너무 일반적이라는 데 문제가 있다. 예를 들어 '바람직한 사회', '좋은 세상'이라는 이상향의 세계는 아주 오랜 옛날부터 있어왔지만 그 이상향을 지상에 실현시킬 구체적 방안에 있어서는 사상이나 이념에 따라 매우 커다란 편차를 보여 왔다. 다양한 종교 그리고 사회주의, 아나키즘, 자본주의가 꿈꾸는 이상향의 내용 자체는 크게 다르지 않지만 그 실현방법에 있어서는 매우 상이한 내용을 담고 있다. 이런 점에서 생태주의 역시 기존의 정치, 경제, 사회, 문화의 생산과 유통 그리고 소비 구조와는 질적으로 다르고, 지금까지와는 다른 삶의 방식과 내용을 지닌 사회를 실현하기 위한 나름대로의 구체적 방안을 제시하는 이념이다. 이러한 문제의식을 바탕에 지니고 있는 문학이 생태문학이다. 그런데 이 생태문학을 그냥 녹색문학으로 표현하면 생태적 관점의 특수성과 역사성이 사라지고 일반적인 개념이 되어버린다. 생태문학은 지구 생태계 전체가 심각한 위기에 처한 상황에서 이를 문제 삼고 극복하기 위해 근래에 새롭게 등장한 문학 또는 오래 전에 나왔지만 그러한 싹을 품고 있는 문학을 지칭한다. 따라서 생태문학은 기존의 문학과는 다른 새로운 특성과 특수성을 지니고 있다. 생태계 위기를 극복하고 생태사회를 이루기 위해서는 모든 분야에서의 근본적 변화가 필요하며 상호 유기적인 협력이 필요하다. 따라서 문학만을 따로 떼어서 성찰하기보다는 인문과학과 사회과학, 자연과학이 함께 나아가는 것이 필요하다. 이를 위해서는 생태학 또는 생태주의라는 기본 이념을 바탕으로 공동의 노력을 펼쳐나가야 한다. 생태학이 이미 개별 분과학문을 넘어서서 지구생태계와 인간의 미래를 문제 삼는 종합학문으로 발전하였기에 이 개념을 문학에도 적용하는 것이 좋다. 그렇기 때문에 일반적인 가치를 지닌 녹색문학보다는 생태문학이라는 개념이 좀 더 적합하다. 녹색문학과 생태문학이 같은 의미이므로 굳이 두 개의 개념을 사용하여 혼란을 가져올 필요 없이 생태문학으로 통일하는 것이 정확한 개념정의를 위해서 바람직하다.

이러한 관점은 생명문학에도 해당된다. 여러 평자가 생태문학 대신에 <생명문학>, <생명시>, <생명시학>이라는 개념을 사용하고 있다. 생명문학을 생태학과 결부시킨 신덕룡은 “인간을 비롯한 모든 생명체와 생명을 지니지 않았다고 하는 무생물에 이르기까지 하나의 전체로 아우르는 새로운 세계인식이 필요”(신덕룡, 2001:223)하다고 말하며 생명을 이 세계인식의 핵심 개념으로 내세운다. 그는 "생명에 대한 정의를 우주에 존재하는 모든 유기물과 무기물을 포괄하는 개념으로 확대"한다. 모든 생명체는 인간의 가치평가와는 무관하게 그 차체로 "내재적인 가치"를 지니며, 그 내재적인 가치는 서로의 관계 속에서 발현되고 고양된다는 "관계성"을 강조한다. 이러한 인식을 바탕으로 그는 생명시를 "생명 자체를 노래함으로써 생명의 본질과 가치를 추구하는 시이며, 동시에 다른 존재들과의 관계 속에서 생명의 가치와 위상, 생명고양의 조건을 살피어 그 중요성을 시적 상상력 속에 체화시키는 시"라고 정의한다.(신덕룡, 2001:224) 여기서 더 나아가서 그는 생명시에 인간의 역할에 대해 고민하는 시를 포함시킨다. 인간과 다른 생명체 사이의 평등성과 관계성뿐만 아니라 "정신을 지닌 존재로서의 생명공동체에 대한 윤리의식", 즉 "인간의 적극적인 역할"을 강조한다. 인간은 생명의 가치를 추구하고, 생명을 위협하는 모든 행위에 대해 맞서야 하며, "도덕적 책임"을 다해야 한다는 것이 그가 말하는 윤리의식이다.(신덕룡, 2001:224)

신덕룡이 말하는 생명시는 생태시의 다른 이름이며 그 바탕에는 "인간과 자연의 유기적 전체를 지향하는 생태학적 세계관"(신덕룡, 2001:220)이 놓여있다. 다만 그는 "생태학의 중심에 생명이 존재하고 있다는 사실, 그리고 그 생명들 사이의 관계가 우리 삶의 전체를 이룬다는 사실을 염두에 둔다면 생명시라는 용어가 적합하다"고 보는 것이다. 다른 글에서는 그 이유를 "오늘날 생태계 파괴로 인한 삶의 위기가 인간의 위기에 국한되지 않고, 모든 생명의 존폐문제라는 점에서 생명시라는 명칭을 사용한다."(신덕룡, 1997:12)라고 밝히고 있다. 이도흠은 생명문학을 생태문학의 하위 범주로 사용하고 있는데 그는 생명문학을 "자연을 생명들이 깃들여 사는 곳으로 인식하고 생명론의 입장에서 생명의 원리와 실상을 형상화하거나 생명의 존귀함과 보존의 필요성을 역설한 문학"(이도흠, 2011:238)이라고 본다.

생태계 파괴로 인한 위기의 핵심에는 분명 지구상에 존재하는 모든 생명들의 생존이 놓여있다. 그러나 생명주의 또는 생명문학만으로는 생태학이 다루고 있는 모든 영역을 다 아우를 수가 없다. 생태학적 세계관은 앞에서 살펴본 것처럼 기술문명, 인간중심주의, 물질중심주의, 도구적 이성, 맹목적 합리성, 이분법적 사고를 비판하고 공생과 조화, 상호연관을 통한 새로운 세계를 이룩하려는 이념이다. 그렇기에 모든 분야에서 질적으로 다른 구조와 인식의 변화를 추구하려는 것이 생태학의 기본 이념이다. 생태사회를 이루기 위해서는 문학의 노력만이 아니라 인문과학, 사회과학, 자연과학, 공학이 함께 공동전선을 펼쳐야 하며 사회운동까지도 생태학적 인식을 토대로 새로운 패러다임을 도입해야 한다. 따라서 생명주의를 인류 사회의 모든 분야에 기본원리와 이념으로 적용하기에는 무리가 많다. 이러한 기본 이념이 될 수 있는 것은 현재 생태학과 생태주의 밖에는 없다. 생태적 인식

속에 이미 모든 생명의 고리에 대한, 즉 관계성에 대한 인식이 기본으로 놓여있는데 생명을 강조하게 되면 다른 문제는 부차적이 된다. 그렇기에 생태문학을 생명문학으로 바꾸어 씀으로써 용어의 혼란을 가져올 필요가 없이 생태문학으로 통일하는 것이 좋다. 생태문학의 범위를 넓게 잡으면 생명문학이 강조하는 특성들이 아무 문제없이 생태문학으로 수렴되기 때문이다.

3. 생태문학의 정의와 유형

녹색문학, 생명문학, 환경문학을 모두 아우르는 개념으로서 생태문학이라는 용어를 사용할 때 생태문학이 무엇인지 이에 대한 정의가 필요하다. 생태문학이란 생태학적 인식을 바탕으로 인간과 생태계의 문제를 성찰하고 비판하며, 더 나아가서 새로운 생태사회를 꿈꾸는 문학이라고 할 수 있다. 생태학적 인식 또는 생태인식이란 지금까지의 인간중심주의의 관점에서 벗어나 인간도 생태계의 일부이며, 모든 유기체가 서로 서로 연결되어 있다는 생물중심주의적 인식을 말한다. 생태인식의 특징은 만물이 모두 서로 연결되어 있다는 '관계적' 인식, 세계를 유기적이며 총체적으로 파악하는 전일적 세계인식, 모든 생물은 서로가 연결되어 있기에 서로 영향을 주고받는다는 상호의존성 및 일원론적 인식, 인간중심주의가 아니라 모든 생물체의 존재를 존중하는 생물중심주의적 인식이다.

그런데 이러한 생태인식의 기준을 엄격하게 적용하면 생태문학에 해당되는 작품이 너무 적어지므로 생태인식을 넓은 의미로 파악하는 것이 좋다. 그렇게 되면 생태학적 인식은 옅은 수준이거나 별로 드러나지 않지만 환경파괴의 문제를 다루거나 생태의식을 일깨우는 작품도 생태문학이 될 수 있기 때문이다. 생태문학을 너무 엄격하게 정의하면 생태문학의 범위가 아주 좁아져 많은 작품들이 제외된다.[3] 이런 점에서 생태문학에 대한 영국 독문학자 악셀 굿바디의 정의는 생태문학을 비록 자연과의 관계로 국한시킨 단순한 면이 있긴 하지만 생태문학을 넓게 보려는 관점을 보여준다.

---

3) 이도흠은 2011년에 발표한 논문에서 생태문학을 "환경위기를 겪고 있는 자연을 어떤 패러다임과 이념으로 바라보느냐에 따라 환경문학, 생명문학, 생태론적 문학"으로 나누었다. 환경문학은 파괴된 자연에 주목하고 환경오염을 가져온 근대적 패러다임을 비판한 문학을, 생명문학은 "자연을 생명들이 깃들여 사는 곳으로 인식하고 생명론의 입장에서 생명의 원리와 실상을 형상화하거나 생명의 존귀함과 보존의 필요성을 역설한 문학"을. 생태론적 문학은 "모든 생명과 물질이 서로 깊은 연관관계를 맺고 서로 영향을 미치는 에코시스템으로 간주하고 인간중심주의나 이분법을 완전히 벗어나서(....) 인간과 자연의 관계를 인식하고 그 양상을 재현하고 형상화하거나 대안을 모색한 문학"을 의미한다고 정의한다. 이러한 구분은 생태인식이나 생태론적 관점을 너무 강조함으로써 생태문학에 포함되는 작품을 제한하는 문제점을 안고 있다. 물론 그는 세 범주를 모두 포함하는 개념으로 "광의의 생태문학"을 제시하고 있지만 "협의의 생태문학은 생태론적 문학만을 가리킨다"고 하여 생태문학을 지나치게 협의로 파악하고 있다. 생태문학의 지평확대를 위해서는 생태문학을 이처럼 여러 범주로 나누거나 엄격한 기준을 적용하는 것보다는 넓은 의미로 보는 것이 좋다. (이도흠, 「생태론적 패러다임과 문학적 재현」, 『한국언어문화』 제43집, 2011.12, 288쪽)

> **비록 생태계의 현 상황을 불러일으킨 원인을 문제 삼거나 기술과 사회 발전에 대해 분명한 문제제기를 하고 있지는 않고 있다 해도 자연에 대한 우리의 관계를 비판적으로 조망한다면 이것을 '생태문학'의 기본 특징이라고 규정할 수 있다.** (Goodbody, 1998:25)

또한 김욱동이 『문학 생태학을 위하여』에서 제시한 "생태의식을 일깨우고 생태학적 세계관을 보여주는 문학이라면 일단 문학생태학의 테두리에 넣을 수 있다"(김욱동, 1998:32)는 문학생태학, 즉 생태문학에 대한 정의도 생태의식과 생태학적 세계관을 넓은 의미에서 해석하면 같은 관점이라 할 수 있다.

이렇게 생태문학을 정의하면, 모든 유기체는 서로 서로 연결되어 있으며, 인간은 지구라는 거대한 집에 다른 생물 무생물과 함께 세 들어 사는 관계론적 존재라 생각하는 생태학적 인식을 바탕으로 하고 있지 않더라도 심각한 수준에 이른 환경오염과 파괴의 실상을 드러내 보여주거나 인간과 자연의 관계에 대해 성찰하고 있는 문학이라면 생태문학에 포함시킬 수 있게 된다. 이들 작품에는 생태학적 인식이 분명히 드러나지는 않지만 생태계 파괴의 문제를 다루면서 자연에 대한 인간의 무자비한 태도, 인간중심주의의 문제, 산업화와 진보의 무서운 결과를 간접적으로 비판하고 있기에 결국 생태학이 제기하는 문제를 건드리고 있기 때문이다. 또한 지금까지는 환경파괴의 실상을 고발하는 문학이 양적인 면에서 압도적인 비중을 차지하고 있기에 이러한 유형의 문학을 생태문학에서 제외할 경우 생태문학은 규모가 너무 작아진다. 물론 이러한 유형의 생태문학은 매우 초보적이며 좀 더 깊은 성찰과 문제제기로 나아갈 필요성이 있는 게 사실이다. 그렇다고 이들을 생태문학에서 배제시킬 것이 아니라 생태문학의 초보 또는 초기 단계로 설정하는 것이 좋다. 실제로 이들 작품은 생태계 파괴의 실상을 사실적으로 그려내 보여줌으로써 생태계 문제의 심각성을 환기시키고 더 나아가 생태의식을 일깨울 수 있었다는 커다란 의미를 지니고 있기도 하다.

이렇게 생태문학을 넓게 정의하면 생태문학의 범위를 근현대 문학과 더 나아가서 고전문학으로까지 넓히는 것이 가능하다. 생태계 위기가 급속도로 가시화되기 시작한 1970년대 이후에 등장하여 본격적으로 생태문제를 다룬 작품들만을 생태문학으로 볼 것이 아니라 생태 인식이나 생태 인식의 싹을 품고 있는 그 전의 작품까지 모두 생태문학으로 포함시킬 수 있기 때문이다.[4] 생태문학의 범위를 넓게

4) 필자는 2003년에 펴낸 저서 『생태문학』에서 생태문학의 범위를 1970년대 이후와 그 이전으로 나누어 생태문학의 '전 단계'와 '현 단계' 또는 〈초기 생태문학〉과 〈본격 생태문학〉으로 나눌 것을 제안한 바 있다. 70년대 이후의 문학에서는 이미 현실이 되어버린 생태계의 파괴 그 자체가 중심 주제가 되고, 새로운 길을 찾아야 한다는 절박한 위기의식이 기본 바탕을 이루게 된다. 그에 비해 70년대 이전의 문학에서는 생태계 위기가 현실이 아니라 앞으로 다가올 미래의 상황으로 여겨지며 그에 대한 막연한 두려

보려는 이러한 경향은 이미 국내외 문학생태학 연구에서 보편화되고 있다. 영미나 유럽, 한국에서의 문학생태학은 좁은 의미에서의 최근 생태문학뿐 아니라 고대나 근대의 작품 중에서 생태의식이 바탕을 이루고 있는 문학작품 역시 생태문학의 중요한 자산으로 연구하고 있다. 동서양의 고전을 생태주의적으로 읽어내고 그것의 의미를 새롭게 조명하는 이러한 연구를 통해 생태문학의 지평과 범위가 크게 확대되었다.

생태문학의 범위를 고전으로까지 확대하는 것은 지금까지 생태주의가 걸어온 길과도 무관치 않다. 근본생태학이나 생태페미니즘 그리고 생태주의 모두 생태사회를 위한 새로운 패러다임과 대안적 가치체계의 근간을 고전에서 찾고 있기 때문이다. 인문사회과학적 생태학에서 제시하는 대안적 가치의 상당부분은 동양의 도가사상이나 불교철학, 서양의 고대 자연철학, 스피노자 그리고 루소와 낭만주의의 생태사상 등에서 영향 받아 발전시켰다. 또한 <오래된 미래>라는

움과 불안감을 문학적 상상력을 통해 선취해서 보여주기 때문이다. 하지만 70년대 이전의 문학에서도 산업화와 기술문명, 진보와 발전이라는 이데올로기에 맞서 자연을 공생과 친화라는 대안적 관점에서 바라보며, 모든 사물은 서로 연결되어 있다는 생태적 인식이 바탕에 놓인 경우가 많다. 그렇기에 이들을 생태문학에 포함시키되 전 단계와 현 단계로 나눌 것을 제안한 것이다. 김욱동 역시 이후 비슷한 관점으로 연성 생태문학과 강성 생태문학으로 나눔으로써 같은 입장을 취한다. 하지만 최근의 문학생태학 연구 경향을 보면 현대의 생태문학보다 오히려 고대나 근현대의 생태문학을 대상으로 삼은 연구가 더욱 많이 진행되고 있음을 알 수 있다. 이런 점에서 필자는 이제 생태문학을 1970년대를 기준으로 전과 후로 나누지 말고 생태적 인식을 담고 있는 작품이라면 지역이나 시기를 따지지 말고 모두 생태문학에 포함시킬 것을 제안한다.

개념이 잘 말해주듯 인간과 자연이 평화롭게 공존할 수 있었던 고대 사회나 원시부족 또는 아메리카 인디언들의 자연친화적 삶의 방식과 원리를 미래 생태사회의 모델을 위한 중요한 자산으로 보는 입장도 같은 맥락에 있다고 할 수 있다. 이러한 사상이 오래전부터 동서양의 문학에 반영되어 있었기에 생태문학의 뿌리가 멀리 고대에까지 미치는 것은 당연하다.

생태학이 등장하기 훨씬 전인 오랜 옛날부터 인간은 자연과 관계를 맺으며 살아왔고, 끊임없이 문명을 발전시켜왔으므로 인간과 자연의 관계, 인간 욕망에 의한 자연파괴, 기술 및 문명 발전에 따른 폐해를 성찰하는 문학들이 존재해왔다. 이미 고대 그리스 시대의 신화나 문학에도 인간의 오만과 지나친 욕망으로 인한 자연파괴의 문제가 지적되었고, 인간과 자연만물은 유기적 관계로 서로 연결되어 있다는 생태적 인식을 포함하고 있었다. 서양의 생태주의가 주목하는 동양의 고전에도 생태적 인식이 근간을 이룬다. 특히 노자가 『도덕경』에서 강조하는 무위사상과 욕망의 절제, 안빈낙도의 삶은 자연과 인간의 조화로운 공존을 위한 지혜를 담고 있다.

또한 이것이 있으므로 저것이 있고, 이것이 일어남에 저것이 일어난다는 관계론적 사고, 즉 모든 존재가 서로 연결되어 있고, 서로 상호 작용을 한다는 불교의 연기론과 모든 생물의 내재적 가치를 존중하는 생명존중사상은 인간과 자연 모두를 아우르는 통합적 사고방식의 원형을 보여준다.[5] 동양의 고전문학에는 이러한 사상들이 기본적으로 바탕에 놓여있기에 생태문학적 관점에서 새롭게 조명하고 있는 것이다.[6] 일각에서는 고대 문인들이 모두 생태주의자였다는 주장까지 제기된다.

고대 문인들은 모두 생태주의자였고 영성주의자였다. 그들은 거대한 자연의 힘을 두려워하고 그 이치에 순응할 줄 알았다. 길가에 핀 들꽃과 강에서 유영하는 물고기, 그리고 조용히 흐르는 계곡 물을 감사하고 찬미했다. 욕망이 있으나 제어할 줄 알았기에 그들은 여유를 즐겼으며, 한가로움 속에서 자연과 생명의 신비를 체험하고 그 감동을 글월로 풀어냈다. 인간이 가장 힘없고 미약한 피조물이라는 사실을 스스로

---

5) 김종욱은 불교생태학의 핵심을 "일체법의 상호의존성(緣起)과 거기에 함축된 비실체성(空性)을 통찰함으로써 중생들 서로간의 상호존중(慈悲)을 구현하는 것. (...) 상호의존성(연기)-비실체성(공성)-상호존중성(자비)으로 이어지는 이 도식이야말로 필자가 생각하는 불교생태철학의 기본구조"라 말하고 있다."고 말한다. 김종욱, 『불교생태철학』, 동국대 출판부 2004, ii쪽.

6) 동양사상에서 생태주의를 읽어낸 연구에 대해서는 송민달이 『문학과 환경』 11권 1호에서 잘 정리하고 있다. 그는 이 글에서 중용의 '천명지위성(天命之謂性)' 즉, 천지만물이 하늘로부터 본성을 부여받았다는 명제는 생태주의의 기본적 철학을 반영하고 있다는 논문과 '공공재'라는 개념을 통해 "차면 넘치는 만물의 이치처럼 욕망이 과하면 반드시 파멸에 이른다"는 노장사상의 통찰을 보여준 논문들을 소개하고 있다. (송민달, 「『문학과환경』 10년. 한국 생태주의 문학이론 연구의 성과와 과제」, 『문학과환경』 11권 1호, 18쪽)

> **깨닫고 무엇이든 지배하려는 탐욕을 버릴 때 자연은 인간에게 화해의 손을 내민다는 사실을 그들은 일찍이 터득하고 있었다.** (류소천, 2009:8)

고대의 문인들이 모두 생태주의자였다는 주장은 모든 문학이 녹색이라는 주장처럼 맞지 않다. 인간중심주의 사상을 지니고 있었거나 자연의 정복과 개발에 찬성하는 이들도 많았기 때문이다. 하지만 자연의 이치에 겸허히 순응하고 자연과의 조화로운 공존을 추구한 생태주의자들도 많았다. 그런 점에서 고전문학에서 생태문학의 뿌리를 찾는 작업은 의미가 있다. 서사무가 「바리공주」, 일연의 『삼국유사』, 이규보의 작품에 표현된 물아동등(物我同等)의 사상, 서경덕의 '만물은 서로 의지한다(物物賴相依)'는 자연철학, 인간중심주의를 비판한 실학자 박지원의 한문 소설 『호질』 등 여러 고전 작품에 깃든 생태의식을 끄집어내 현재의 상황을 극복할 대안적 가치를 제시하는 연구도 활발히 진행되고 있다.[7] 또한 근래에는 한국의 근현대문학 작품을 생태주의적으로 새롭게 조명하는 연구도 활발히 이루어지고 있다. 물론 동양사상이나 고전에서 생태주의의 새로운 가능성을 찾는 작업에 지나치게 의미를 부여하거나 거기에 경도될 필요는 없다. 생

---

7) 한국 고전작품을 생태문학으로 분석한 책으로는 박희병, 『한국의 생태사상』, 돌베개 1999; 김욱동, 『한국의 녹색문화』, 문예출판사 2000; 김욱동, 『생태학적 상상력』, 나무심는 사람 2013; 김욱동, 『녹색고전(한국편)』, 비채 2013가 있다.

태주의의 근본 목표가 현재의 생태계 위기를 극복하고 새로운 생태사회를 이룩하는 것이기에 지금의 현실에 뿌리를 두어야 한다. 그런 점에서 "동양이 대안이다"라는 주장에 대한 이도흠의 "우리가 디디고 있는 이땅의 모순에 대한 비판과 대안에서 출발하지 않는다면, 오늘날의 복잡해진 사회현실에 적용되는 것이 아니라면 그것은 성현들의 현학적이고 신비적인 은유놀이로 그칠 뿐이다"(이도흠, 2010:284)라는 경고를 새겨들을 필요가 있다. 과거의 사상은 과거의 현실문제에서 출발한 것이기에 그것만으로는 오늘날의 복잡한 현실을 해결하기 어려운 부분이 많다. 하지만 오늘날 생태계 문제의 뿌리는 먼 과거로까지 거슬러 올라간다는 점과 고전사상이 당시대의 현실과 부딪히며 나왔지만 기본적으로는 시대를 뛰어넘는 보편적 지혜를 담고 있다는 점도 간과해서는 안 될 것이다. 가장 바람직한 것은 어느 한쪽을 신비화하지 않고 과거와 현재의 지혜를 모두 받아들여 미래를 위한 새로운 생태주의 사상을 만드는 것이다.

서양의 경우도 역시 그리스 신화를 비롯하여 그리스 비극과 호메로스의 서사시에 나타나는 생태적 관점에 대한 연구로부터 시작하여 중세와 낭만주의를 거치며 현대에 이르는 다양한 생태문학에 대한 분석과 연구가 이루어지고 있다. 18세기 중반에 이르면 산업화와 도시화에 대한 심각한 우려가 문학작품을 통해 광범위하게 표출되었고, 근대화의 물결에서 바로 개인주의, 이윤중심 사고, 자연의 파괴로 귀결될 발전과정이 시작되었음을 성찰하고 있는 작품도 등장하였다. 당시의 <목가문학>이나 <전원시> 그리고 자연국가의 이상이 표명된 유토피아 문학에는 이미 모든 인간은 자연과 밀접하게 결부되어 있다는 생태인식과 루소의 자연사상을 바탕으로 사치를 배격하고 검소의 이상을 강조하며 자연스럽고 소박한 삶을 동경하는 입장이 드러나 있다. 19세기 초기에 이르러 낭만주의자들은 산업화와 그에 따른 도시화, 인공적인 것들의 범람에 대해 비판적 태도를 분명히 하고 자연 속에서 숭고함을 느끼며 자연으로 침잠하는 모습을 보여 주었다. 또한 워즈워드나 괴테의 작품에서도 자연의 파괴나 기술문명에 대한 비판이 들어있음을 많은 연구가 새롭게 밝혀내고 있다. 도시의 황폐와 비인간성, 소외감을 그림으로써 문명비판적인 색채를 띠고 있는 세기말 작가들의 작품들, 산업화와 도시화에 맞서 자연으로 돌아가자는 운동을 펼친 19세기말 <청춘양식파>의 문학에도 생태학적 인식의 단초가 엿보인다. 원자폭탄이 투하된 20세기 중반에는 자연과 생태계를 파괴하는 과학기술의 가공할 힘과 현대문명의 문제점을 다루고 있는 작품 또한 많이 나왔다. 동서양의 생태문학사를 서술할 경우 이들 모두 생태문학 전통의 중요한 자산이 될 것이므로 문학생태학은 이들 문학에 주목할 필요가 있다. 이처럼 생태문학을 단순한 환경파괴의 묘사에서부터 시작해서 생태계의 현상황에 대한 원인을 성찰하거나 새로운 생태사회에 대한 대안을 제시하는 문학까지 포함하는 넓은 개념으로 정의하면 오늘날의 다양한 생태문제를 여러 각도와 관점에서 다루고 있는 문학작품들을 모두 생태문학이라는 공통의 개념으로 파악할 수 있는 장점이 있다. 이러한 문제의식을 바탕으로 생태문학을 보면 생태문학은 다음과 같은 다섯 가지 유형으로 나눌 수 있다.

첫째, 환경 파괴와 생태계 위기 문제를 직접적이며 사실적으로 서술하는 작품

죽어가는 숲, 오염된 강물, 시멘트로 덮인 땅, 자동차와 소음 공해 등의 환경문제를 분노와 걱정, 슬픔과 두려움을 가지고 묘사하고 고발하는 문학이 첫 번째 유형에 속한다. 이들 문학은 그러나 생태계의 현 상황에 대한 불만을 토로하고 있지만 아직 생태계의 문제를 전체적 관점에서 바라보는 본격적인 생태 인식을 보여주고 있지는 못한 경우가 많다. 개별적이고 지엽적인 자연파괴의 실상을 묘사할 따름으로 그러한 문제를 일으킨 원인에 대한 종합적인 성찰이 결여되어 있거나 아주 약하게 암시되고 있다. 초기의 생태문학이 대부분 이 유형에 속한다.

둘째, 생태적 인식을 바탕으로 생태계 위기 문제를 본격적으로 성찰하는 작품

이들 문학에서는 인간과 자연의 관계를 생태적 관점에서 서로 밀접한 연관을 지닌 유기체적 관계로 보며 인간이 생태계에 가하는 폭력의 치명적 결과와 문제점을 지적한다. 이 유형에 속하는 작품에는 따라서 생태계 파괴에 대한 묘사 자체가 주목적이 아니라 그 뒤에 도사리고 있는 인간의 태도와 문명의 문제가 핵심을 이룬다. 이들은 따라서 자연파괴와 생태계 위기의 현상을 직접적으로 비판하면서 동시에 그것을 가져온 원인을 함께 성찰하고 문제 삼는다. 그런 의미에서 두 번째 유형의 작품들이 본격적인 생태문학에 속한다고 할 수 있다.

셋째, 생태계 파괴를 가져온 근본원인을 중점적으로 다루는 문학

첫째와 둘째 유형에서는 자연이나 환경파괴의 실상이 직접적으로 드러나고 있는 반면에 셋째 유형의 작품에서는 생태계 파괴의 현상을 직접 다루지 않고 대신 생태계 위기를 불러일으킨 원인을 중점적으로 다룬다. 환경문제와 생태계 파괴의 문제, 그에 따른 인류의 멸종 위기 그리고 나아가서 지구 전체의 위기가 임박했다는 인식이 이들 작품의 출발점이지만 이 위기의 상황을 묘사하지 않고 그러한 생태계 위기를 가져온 원인 그 자체를 분석하고 성찰하는 작업이 주가 된다. 기술문명과 산업사회, 이성주의, 인간과 자연의 착취관계, 물질만능주의, 진보에 대한 믿음, 이원론적 세계관, 인간중심주의, 목적 중심주의 등과 같은 현대사회를 지탱하는 기본 이념이 현 생태계의 위기를 가져온 근본 원인임을 밝히고 이를 문제 삼는 문학이 여기에 속한다. 더 나아가서 이 유형의 생태문학에는 기존의 문명 및 기술비판 문학 또는 산업사회를 비판하는 문학 중에서 생태인식을 바탕으로 한 작품도 포함시킬 수 있다.

넷째, 페미니즘적 관점에서 생태계 위기 문제를 바라보고 성찰하는 작품

이들 작품은 크게 보아 셋째 유형의 생태문학에 속한다고 볼 수 있다. 그러나 별도로 하나의 독립된 유형으로 분류한 이유는 <생태페미니즘>이라는 새로운 사조를 형성할 정도로 이들 유형의 작품이 독자적인 특징을 보여주고 있으며 작품의 양에 있어서도 큰 비중을 차지하기 때문이다. 이들 작품은 생태계의 위기를 가져온 주원인을 남성중심주의의 가부장적 사회에서 찾는다. 여성적 특성을 하위가치로 폄하하고 남성적 특성을 우위에 두는 사고방식이 어떻게 생태계의 파괴를 가져왔으며 지구의 위기를 불러왔는가를 분석하고 비판하는 작품이 이 유형에 속한다. 이들은 또한 가부장적이며 자연파괴적인 사회를 환경친화적이며 부드러운 사회로 만들기 위해 공감, 돌봄, 사랑, 소통과 같은 여성적 가치를 대안으로 내세운다.

다섯째, 미래의 생태사회를 꿈꾸고 모색하는 작품

이들 작품에서는 사회제도 및 인간의 의식 전반을 근본

적으로 바꾸어야 비로소 현재의 생태계 위기를 극복할 수 있다는 전제하에 지금까지와는 질적으로 다른 생태사회를 이루기 위해 다양한 대안 프로그램을 모색한다. 생태사회는 인간과 자연의 관계를 재정립하고 모든 것이 생태적 순환 속에서 움직이며, 지금까지와는 다른 가치와 목표를 추구하고 자본주의와는 전혀 다른 정치 및 경제 제도를 바탕으로 삼고 있는 사회이다. 이러한 생태사회를 어떻게 이룰 것인가에 대해 성찰하고 대안을 제시하는 작품과 에코토피아가 구현된 생태사회의 구체적 모습을 문학적으로 선취해서 생생하게 그려 보여주는 작품이 이 유형에 속한다.

4. 문학생태학의 과제

문학생태학은 앞서 살펴본 다양한 유형의 생태문학을 연구하고 분석하는 연구방법론을 말한다. 그렇기에 문학생태학의 대상은 매우 다양할 수밖에 없다. 생태문학이 생태계 파괴의 문제를 고발하는 작품에서부터 인간과 자연의 관계에 관한 근본 성찰, 기술문명과 이성중심주의에 대한 비판까지 모두 아우르고 있기 때문이다. 현재 국내에서는 문학생태학과 비슷한 개념으로 <생태비평 ecocriticism>이라는 용어가 함께 사용되고 있다. <생태비평>이라는 용어는 <문학생태학>보다 4년 뒤인 1978년에 윌리엄 루커트 William Rueckert의 논문 「문학과 생태학: 생태비평 시론」에서 처음 사용되었다. 이후 이 용어는 '문학생태학', '녹색문화연구', '생태시학 Eco-poetics' 등과 혼재되어 사용되어 오다가 1990년대 중반에 셰릴 글롯펠티 Cherill Glotfelty와 해롤드 프롬 Harold Fromm이 편집한 『생태비평 독본 : 문학생태학의 기념비적 사건들(The Ecocriticism Reader: Landmarks in Literary Ecology)』이 나오면서 주목을 받았다. 이후 영미권에서는 생태비평 또는 환경비평(Environmental Criticism)이라는 개념이 많이 사용되고 있다. 독본의 제목에 생태비평과 문학생태학이 모두 등장하는 것처럼 대부분의 경우 두 개념은 거의 같은 내용으로 혼용되고 있다. 생태비평이라는 용어의 등장은 형식주의비평, 신비평, 신화비평, 페미니즘비평, 해체비평처럼 특정한 관점에서 문학작품을 분석하는 방법론적 전통과 연관이 있다. 문학을 분석하는 여러 방법론 중에 생태적 관점을 중심으로 하는 비평이라는 점을 강조하기 위해 생태비평이라는 용어를 도입한 것이다. 바로 이런 이유로 생태비평은 문학생태학에 비해 좁은 개념이라 할 수 있다. 생태비평은 여러 문학연구방법론 중의 하나가 되기 때문이다. 그에 비해 문학생태학은 문학의 생산, 유통, 수용의 전 과정을 대상으로 하고 있고 나아가서 문학과 사회, 문학과 자연 그리고 문학과 다른 문화현상과의 연관관계를 연구하는 종합적인 연구방법론이므로 훨씬 포괄적이다. 신두호가 지적하듯 비평이라는 용어 자체가 "작품과는 관련 없이 보편적인 원칙이나 이론을 토대로 담론을 전개시키는 이론비평 내지는 실질적인 사회문제와는 상관없이 작품의 의미와 구조 및 가치, 작가의 세계관에만 집착하는 문학비평을 의미"(신두호, 2012:38)하는 경우가 있기에 문학생태학을 대체하기에는 부족하다. 그에 비해 문학생태학은 "생태학적인 원리와 관점 그리고 환경론이 문학연구에 어떻게 차용되고 문학작품 분석에 어떻게 적용되는지 살펴보는 이론과 문학(작품) 연구가 밀접하게 연계된 방법론을 포괄적으로 의미"(신두호, 2012:38)하므로 훨씬 종합적이다. 문학생태학은 단순히 생태문학을 분석하고 비평하는 것을 넘어서서 문학과 관련된 모든 요소를 포괄적으로 연구하는 방법론을 지칭하기 때문이다. 생태학 자체가 광범위하기 때문에 생태학과 문학연구가 결합한 새로운 연구방법론을 지칭하는 용어로는 생태비평보다는 문학생태학이 좀 더 적합하다.

문학생태학의 연구 대상이나 범위는 생태학처럼 다양할 수밖에 없다. 문학생태학의 범위와 과제를 정리하면 다음과 같다.

1) 문학생태학은 문학작품을 생태주의적 관점으로 분석하는 연구 방법론을 말한다. 문학작품에 들어있는 생태인식을 밝혀내고 그것의 의미를 분석하는 작업을 중심에 둔다. 그렇기에 문학생태학의 일차적 연구대상은 환경문제가 본격적으로 대두된 1970년대 이후에 등장한 동시대의 생태문학이다. 하지만 그 이전에 나온 동서양의 고전이나 근현대

작품 또한 문학생태학의 주요 연구대상이다. 이들은 생태계 파괴에 대한 직접적 대응은 아니지만 인간과 자연의 관계를 생태주의적으로 성찰하고 있거나 근본적 생태인식을 선취하고 있는 경우가 많기 때문이다. 최근에는 생태문학의 뿌리를 고전이나 신화로까지 확대하면서 문학생태학의 연구 범위가 더욱 확대되었다.

나아가서 동서양의 문학작품을 상호 비교하는 비교문학적 연구도 문학생태학의 중요한 과제로 대두되고 있다. 이러한 비교연구를 통해 동서양 문학에 공통으로 나타나는 생태인식이 보편적인 인류의 지혜임을 밝혀내고 이를 현대사회를 위한 대안적 가치로 제시할 수 있기 때문이다. 또한 이러한 연구를 집대성하여 우선적으로는 개별 국가의 생태문학 전통을 정리한 생태문학사와 나아가서 동서양의 생태문학을 총 망라한 세계 생태문학사를 서술하는 것도 문학생태학이 앞으로 담당해야 할 과제이다.

2) 문학생태학의 궁극적 목적은 문학작품 속에 들어있는 심오한 내용이나 형식을 분석하고 밝혀내는 것이 아니다. 생태문학 연구를 통해 현재의 생태계 문제를 극복할 지혜를 얻고 궁극적으로는 인간과 자연 그리고 만물이 조화를 이룬 생태사회를 이루는데 문학생태학은 기여해야 한다. 그렇기에 순수 문학작품만이 아니라 다양한 장르와 유형의 작품도 적극적으로 분석 대상에 포함시켜야 한다. 생태인

식을 일깨우거나 생태인식이 들어 있는 작품이라면 대중문학, SF문학, 에세이, 여행기, 체험수기, 자연문학(nature writing) 등 모든 장르를 다 망라할 필요가 있기 때문이다. 또한 아동문학이나 청소년 문학도 청소년들의 생태의식 함양과 생태교육에 매우 중요한 자료이므로 당연히 문학생태학이 주목해야할 대상이다.

더 나아가서 문학생태학의 분석대상을 생태영화나 애니메이션으로까지 넓히는 것도 필요하다. 영화의 경우 핵전쟁이나 기술발달로 인해 지구가 파멸한 미래의 디스토피아 세계를 다룬 SF영화가 이미 오래전부터 하나의 장르를 이루며 발전해왔고, 지구온난화나 갑작스러운 기후변동으로 인해 지구상에 엄청난 파국이 닥치는 상황을 그린 영화 그리고 생태계 파괴 문제를 사실적으로 다룬 다큐영화까지 양으로 보나 주제로 보나 매우 폭넓고 다양한 생태영화가 나왔기 때문이다. 영화는 한 번에 수많은 대중과 소통할 수 있기에 문학생태학이 관심을 가지는 생태교육과 관련해서도 매우 중요한 역할을 할 수 있다.

3) 문학생태학은 작품의 의미를 찾는 작품 내재적 분석을 넘어서서 문학작품을 문화적 산물로 보고 이것이 주변 환경, 즉 사회와 맺고 있는 관계를 분석하는 작업을 수행한다. 그런 점에서 문학작품의 생산, 유통, 수용의 과정을 생태주의적 관점에서 분석할 필요가 있다. 상업자본과 자본주

의 원칙에 의해 추동되는 문학작품의 반생태주의적 생산과 소비 방식을 문제 삼고 생태주의적 생산, 유통, 소비 방식을 마련하는 것이 문학생태학의 과제이다. 이러한 연구는 문학작품을 문화로 보는 〈문화생태학〉에서 많이 시도하고 있다. 문화생태학은 문화 전반을 다루는 방법론으로서 문학생태학보다 좀 더 넓은 개념이다. 문화생태학은 문학만을 따로 떼어서 분석하지 않고 문학이 "예술, 교육, 과학, 미학, 종교, 지식 등과 나란히 문화체계의 일부로서 다른 문화적 체계와 긴밀하게 연관되어"(박현정, 2010:91) 있다고 보는 관점이다. 문화 체계의 일부인 문학을 "생태학의 기본개념인 복잡한 그물망 구조", 즉 다른 문화 체계들과 서로 관계를 맺고 있는 것으로 분석하는 것이다, 이럴 경우 문학과 자연의 관계 역시 다양한 문화 체계들과 연관 지어 종합적으로 분석할 수 있다. 문학생태학은 이러한 문화생태학의 문제의식과 방법론 그리고 연구성과를 받아들여 연구 범위를 확장시킬 필요가 있다.

4) 문학 작품 속에 재현된 자연은 실제 자연이 아니라 작가가 창조해낸 2차 자연이다. 작품 속의 자연에 대한 담론은 따라서 인간의 문화적 산물인 것이다. 그런 관점에서 1차 자연과 2차 자연의 관계를 분석하면 인간과 자연의 관계를 재정립할 방안을 찾을 수 있다. 인간이 문학 속에 구현해낸 자연 혹은 자연적인 것이란 실상 각 시대의 문화담론

에 영향을 받은 것이기 때문이다. 독일의 문화생태학자 안스가르 뉘닝의 제안처럼 "생태적으로 정향된 문학비평 또는 문화비평은 자연에 대한 컨셉과 자연의 재현이 특정 문화공간들에서 그리고 상이한 역사적 시대마다 어떻게 발전해왔는가를 연구"(박현정, 위의 글 102쪽에서 재인용)할 필요가 있다. 자연의 훼손과 파괴에 문학이 어떤 영향을 미쳤는지, 파괴된 자연을 되살리기 위해 문학은 어떻게 바뀌어야 하는지, 인간과 자연의 평화로운 공존을 위해 문학이 어떠한 새로운 문화적 패러다임을 제시해야 할 것인지를 연구하는 것 역시 문학생태학의 과제이다.

5) 문학생태학은 문학과 자연과의 관계뿐 아니라 문학과 인간환경 간의 관계로 대상을 넓혀야 한다. 자연과 인간의 공간을 상호 중첩되고 연결된 대상으로 보는 뷰얼은 생태비평이 자연환경이나 야생자연을 다루던 경향에서 벗어나 이제 인간환경과 도시환경, 즉 '녹색자연'에서 '갈색자연'을 다뤄야 한다고 주장하며 이러한 새로운 경향을 "생태비평의 제2물결"이라 규정한 바 있다. 그는 자신의 생태비평 두 번째 저서인 『위기에 처한 세상을 위한 문학』(2000)에서 "도시환경, 해상 공유지 파괴, 동물권, 독성담론과 같은 환경위기의 문제를 생태비평적 논의의 중심"에 둘 것을 주창하였다.(신두호, 2012:46) 여기에 덧붙여 아담슨과 슬로빅은 생태비평이 "민족적이고 국가적인 특징을 인지

하면서도 민족적이고 국가적인 경계를" 뛰어 넘어 "환경론적 관점에서 인간의 모든 국면을 탐색"해야 한다며 "생태비평의 제3물결"을 제안하였다. 이에 대한 구체적 방법론으로 슬로빅은 2010년에 "민족성, 지구화, 탈식민주의, 탈생태지역주의, 초지역성translocality, 물성 생태여성주의material ecofeminism, 포스트 모더니즘"(신두호, 2012:47) 관점에서의 연구를 주창하였는데 문학생태학은 이러한 제안을 적극 수용하여 연구주제와 범위를 확장하는 것이 필요하다.

6) 문학생태학의 또 다른 과제는 이론적 담론을 마련하는 것이다. 문학생태학 고유의 이론적 체계를 세워 연구방법론을 확립하는 것이 필요하다. 이를 위해 다른 분과학문과의 학제적 대화가 필요하다. 생태학의 다양한 분야에서 이룩해 놓은 이론적 성과를 섭렵하고 상호 교류를 통해 문학생태학의 고유 이론을 만들어가야 한다. 이때 동양사상이나 불교, 서양의 생태주의 이론과 전통, 원시공동체나 인디언들의 삶에 대한 인류학적 연구, 동서양의 신화 등 인문과학적 연구뿐 아니라 식물 및 동물 생태학, 진화생물학, 박물학, 고생물학, 고고학, 기후학, 지리학 등 자연과학적 연구에서도 필요한 부분을 차용하여 생태문학 연구 방법론에 적용하는 작업 역시 필요하다. 생태주의나 생태사상이 발전하는데 다윈의 진화론이나 제임스 러브록의

가이아론, 프리초프 카프라의 신과학운동에서 많은 영향을 받은 것처럼 근래 활발히 나오고 있는 동물 및 식물 생태학자, 진화생물학자, 고고학자들의 생태학 연구 성과를 문학생태학에서 적극 수용하여 보다 종합적인 이론체계를 세우는 것이 중요하다.[8)]

7) 문학생태학은 단순한 이론작업이 아니라 현재의 생태계 위기를 해결하는데 기여하는 실천적 운동이 되어야 한다. "생태주의가 문제적 현실을 극복하기 위한 대안적 담론으로 발생한 것이기 때문에 부단히 현실적 실천의 영역까지 고려"(송민달, 2012:18)하는 것이 당연하다. 문학생태학이 실천적 운동으로 발전하기 위해서는 문학을 통해 독자들에게 생태체험을 전달하고 생태적 감수성을 일깨울 수 있는 구체적 방법론을 모색해야 한다. 이를 위해 문학생태학은 어떻게 "생명의 귀중함을 일깨우고, 자연에 대한 공경심을 불러일으키며, 이를 바탕으로 인간과 자연의 관계에 대한 새로운 성찰을 자극"할 수 있을지 연구해야 한다. 오늘날 작가를 포함한 많은 사람들은 생태적 감수성이 무딘 "생태맹(生態盲)"에 빠져있으므로 이들에게 세상을 생태적으로 읽어낼 수 있는 "생태적 문해력 ecological

8) 물리학자 장회익교수의 온생명론이나 고생물학자인 스티븐 제이 굴드의 『여덟 마리 새끼돼지』, 『생명, 그 경이로움에 대하여』, 수학자 마틴 노왁의 『초협력자』 등을 문학생태학 연구에 원용할 수 있을 것이다.

literacy"을 키워주는 일이 시급하다.(신문수, 2011:25) 생태적 문해력이란 "자연을 섬세하게 관찰하고 그것을 읽어내는 능력을 의미"하며 "존재의 상호연관성 더 나아가 사람과 사회 그리고 생태계가 어떻게 서로 연관되는지 또 세계가 물리적 체계로서 어떻게 운용되는지의 이해도 포함"한다.(신문수, 2011:25) 이를 통해 문학생태학은 문학을 통해 생태계 위기를 극복하고 "우리의 삶과 문학에 대한 근본적 반성을 촉구"(신문수, 2011:14)하며, 궁극적으로 지금과는 근본적으로 다른 생태사회를 만드는 데 기여할 수 있을 것이다. 이를 위해 문학생태학은 생태교육에도 적극 관심을 가져 청소년들의 생태교육 프로그램을 마련하고, 대학에서의 생태교육을 확산시키기 위한 교과과정 및 교수방법론 개발 등 다양한 방안을 모색해야 한다.

지금까지 생태문학과 문학생태학의 개념이나 범위 그리고 과제에 대해 이론적 차원에서 정리를 하였다. 다음 장부터는 문학생태학의 구체적 적용 예를 살펴보고자 한다. 생태시, 생태소설, 생태영화, 생태희곡 등 다양한 장르의 텍스트를 여러 관점에서 분석함으로써 문학생태학의 다양한 가능성을 모색해 볼 것이다.

Ⅱ

생태문학의 보물창고
– 생태시의 다양한 무늬들

생태문학의 범위가 광범위한 것처럼 생태문학의 종류도 매우 다양하다. 생태시, 생태소설, 생태희곡, 생태비평 등 문학의 모든 장르에서 생태문학이 발전하였다. 그중에서도 양으로 보나 다양성으로 보나 생태시가 가장 풍요로운 것을 알 수 있다. 이런 연유는 시문학에는 오래 전부터 자연을 노래하는 자연시의 전통이 뿌리 깊었기에 파괴된 자연에 대해 가장 먼저 반응할 수 있었고, 생태계 파괴와 위기에 바로바로 대응할 수 있었기 때문이다. 소설이나 희곡이 문제를 인식하고 그것을 다루는 데 일정한 준비기간이 필요한 데 비해 시는 시 특유의 기민함과 자유로움으로 발빠르게 반응하였다. 초기의 생태문학이 주로 시문학이 중심이 된 연유가 여기에 있다. 독일과 마찬가지로 한국에서도 생태시가 제일 많이 쓰여졌고 주목을 받았다. 생태시의 또 다른 특징은 생태문학의 거의 모든 주제를 다 다룰 정도로 다양하다는 것이다. 그래서 생태시를 분석하면 생태문학의 과거와 현재 그리고 미래를 살펴볼 수 있다. 이 장에서는 몇 가지 유형으로 나누어 생태시의 다양한 색과 무늬를 살펴보도록 하겠다.

1. 환경파괴와 생태계 위기를 문제 삼는 시

지금까지 발표된 환경파괴와 생태계문제를 주제로 삼고 있는 시, 즉 생태시를 조망해 보면 환경파괴의 참상을 고발하는 시들이 압도적으로 많은 것이 눈에 띈다. 특히 아직 환경문제의 심각성이 일반인들에게 많이 알려지지 않았던 70년대나 80년대에 나온 시들이 대부분 환경파괴의 현장을 직접적 언술로 고발하고 있다. 이들 시에서는 아름답고 깨끗한 자연대신에 오염된 자연풍경이 사실 그대로 묘사된다. 우선 눈에 띄는 점은 기억 속에 아름답게 존재하는 과거의 자연과 파괴되어 흔적을 잃어버린 현재의 자연을 대비시켜 자연의 현상태를 보여주는 시들이 많다는 점이다. 김광규는 인왕산의 옛 모습과 현재를 다음과 같이 말한다.

한때 그 가슴에 호랑이를 기르고
한양 도읍 오백 년 산자락에 펼치고
서울의 슬픔과 기쁨
소꿉장난처럼 내려다보던
장엄한 인왕산
아득한 할아버지의 고향
어린날 올라가고 싶었던

헌칠한 미끄럼바위의
믿음직한 얼굴 어디로 갔나
맑은 물 돌 사이로 흐르던
가파른 골짜기 소나무 숲에 오늘은
깨어진 유리 조각 비닐 봉지 나뒹굴고
석유 냄새 풍기는 잿빛 아지랑이
큰 산을 가리고 아른거린다
그 억센 지맥도 이제는
동서남북 아스팔트길로 모두 끊기고
8백만 인구의 한가운데 갇혀
멀지 않아 쓰러질 듯
가쁜 숨 헐떡인다
비쩍 마른 옆얼굴과
헐벗은 뒷모습 드러낸 채
종로구와 서대문구 변두리에 주저앉아
늘그막에 셋방살이를 하는
불쌍한 인왕산 (고진하, 1991:20)

도시에서의 자연은 예전의 모습을 잃어버리고 헐벗은 채로 한 구석에 처박혀 존재한다. 이를 김광규는 인왕산이 "종로구와 서대문구 변두리에 주저앉아/ 늘그막에 셋방살이"를 하고 있다고 표현한다. 서울에 우뚝 서있던 "장엄한" 인왕산이 이제는 쓰레기 나뒹구는 늙고 초라한 존재가 되어

'셋방살이'를 하고 있다. 이 시는 이런 점에서 오늘날 인간과 자연의 관계가 어떠한가를 명백히 보여 준다. 인왕산은 한때 가슴에 호랑이를 기르며 한양을 자신의 산자락에 펼쳐 놓은 주인과 같은 존재였다. 그런데 지금은 서울의 한 귀퉁이에서 셋방살이를 하는 존재로 전락하고 말았다. 인간과 인간의 세계를 발치에 품고 있던 자연은 그 위상을 잃어버리고 기술 문명의 희생자가 되어버렸다. 이제 "주체로서의 자연 natura naturans"은 사라지고 "대상으로서의 자연 natura naturata"만 남게 되었다. '생산성으로서의 자연'이 아니라 '생산물에 불과한 자연'이 되어 버린 것이다. 이러한 경향은 독일 시인의 시에도 발견된다. 인간뿐 아니라 모든 생명의 모태이자 원천인 대지를 우리 인간은 오랜 동안 성스러운 존재로 받들어 왔다. 그 이유는 "한 평생 동안 우리는 대지의 손님/ 우리를 길러주고 품어주다/ 죽음의 품속에 우리를 거두어가는 대지의 손님"이라 생각했기 때문이다. 그런데 이제 상황은 역전되어 인간이 대지의 주인이 되어버렸다. "우리는 대지의 살에 구멍을 뚫고/ 피부에서 숲을 면도해 버리고/ 그 상처에다/ 모든 것을 질식시키는 아스팔트를 들이 붓는다// 대지의 주인인 우리는/ 함부로 구는 강도인 우리는/ 밤낮으로 대지를/ 약탈한다". (Elke Oertgen「Erde」, Mayer-Tasch, 1981:38-39)

이처럼 인간이 자연 위에 군림하게 된 데에는, 자연은 인간과 별개의 것이고, 생명이 없는 물질이며, 기계의 부품이라는 생각이 지배적 담론을 형성하였기 때문이다. 자연은 객체와 대상에 불과하기에 인간은 아무런 거리낌 없이 자연을 지배하고 정복하고 착취할 수 있는 길이 열리게 된 것이다. 우리가 만든 도구가 생명체와는 무관하게 독립적으로 기능하게 되면서 과학과 기술을 자연에 맹목적으로 적용한 결과가 현재의 상황을 불러 일으켰다. 데카르트와 뉴턴에게까지 거슬러 올라가는 이러한 계몽주의적 자연관은 오늘날의 자연파괴를 가져온 직접적 원인이다. 데카르트와 뉴턴에 의해 발전된 세계상은 기계론적 세계 이해였다. 데카르트는 정신과 물질을 별개의 존재로 나누고 우주는 무수하게 분리된 개체들로 조립된 거대한 기계조직으로 보았다. 카프라의 비판처럼 그에게 "물질세계는 하나의 기계였으며 기계 이상의 아무것도 아니었다. 물질에는 목적, 생명 또는 정신이란 존재하지 않았다."(카프라, 1985:57) 17, 18세기에 데카르트와 뉴턴에 의해 성립된 기계론적 세계관은 이후 몇 백년간을 서양과학과 세계관의 중심이 되었다. 그런데 기계론적 세계관의 문제는 생명을 지닌 유기체를 단순한 기계로 취급하고 정신을 지닌 인간이 물질세계인 자연을 지배하고 정복하는 것이 당연하다는 논리로 이어졌다는 데에 있다. 이제 과학의 목표는 자연의 기본법칙을 찾아내 인간을 위해 자연을 지배하고 통제하는 지식의 획득에 놓이게 되었다. 인류가 "공포, 즉 미지의 것, 신들의 분노 앞에서 오는 공포로부터 해방시키려는 소망"(Prigogine, 1990:11)에서 자연현상을 과학적으로 설명하고 제어하기 시작했지만 그 결과 자연을 지나치게 과학적으로 합리화시켜 대상으로 전락시키고 말았다. 그 결과 자연은 이제 거의 회복될 수 없을 정도로 파괴되어 우리 앞에 존재한다. 이를 에른스트 블로흐는 "지금까지의 우리의 기술은 마치 적대국에 들어간 점령군처럼 자연 속에 군림하였다."(Bloch, 1985:813)고 상징적으로 표현한 바 있다.

인간이 자연을 생명체가 없는 대상이거나 인간의 삶을 위한 천연자원으로 여겨 자연 위에 군림한 결과 자연은 옛 모습을 잃어버리고 온갖 공해에 시달리고 있다. 자연이 예전 같지 않고, 봄이 와도 봄 같지가 않은 현실에 대해 시인은 누구보다 민감하게 반응한다. 그러므로 생태시의 상당수가 우리 주변의 자연 파괴를 사실적으로 고발하고 있다. 산성비와 산성눈이 내리고 "조간 신문에는 철새들의 食中毒,/ 돌고래들의 떼죽음,/ 극약 뿜는 공장굴뚝의 연기"(최승호「아침」, 고진하, 1991:47)가 일상이 된 현실은 자연을 노래하는 자연시가 더 이상 음풍영월이 될 수 없도록 만들었다. 대신 자연의 적나라한 모습을 그림으로써 이제 생태시에서 자연은 지금까지의 아름답고 웅장하며 고즈넉한 모습이 아니라 더렵혀지고 베어지고 오염된 모습으로 등장한다. 눈만 돌리면 어디에서건 오염된 자연이 발견되기에 생태시 역시 이들에 대한 묘사로 가득하다. 하늘은 공해로 가득하고, 시커먼 연기를 내뿜는 공장지붕 위로 뿌연 달이 뜬다. 이를 장석주는 "하늘의 아랫도리가 시커멓게 썩었다, 공장지붕 위로/ 가없이 펼쳐진 회색하늘, 거기 피묻지 않은/ 銀貨의 달이 뜬다"(장석주

「서울의 하늘엔 하나님이 살지 않는다」, 고진하, 1991:27)고 말한다. 하늘만 시커멓게 썩은 것이 아니라, 땅마저도 "산성 땅"이 되었고, 도시에선 "콸콸콸 철관에서 폐수의 폭포가 힘차게 쏟아지고, 부글부글 거품의 소용돌이에 죽은 시궁쥐가 뜬다"(최승호 「대낮」, 고진하, 1991:46). 이 폐수는 바다로 흘러들어가 적조를 만들어 바다 생물을 죽게 만든다. "벌겋게 썩어가는/ 꼬막 조개 폐사한다/ 너훌너훌 푸르렀던 미역 다시마 썩어간다"(김명수 「赤潮」, 고진하, 1991:74) 이러한 상황이니 자연이 더 이상 아름다움과 관조의 대상이 아니라 두려움과 공포의 대상인 게 오히려 당연해 보인다.

이제,
구름은 단순한 형상이 아니다.
공포의 구름이다.
비가 쏟아지면 고기들은 바위
그 밑에 숨고, 농어민들은
웃을 수도 울 수도 없다.
그 모든 것은 처절한 풍자다.
아니 그것은 뼈아픈 오늘이다.
아니 그것은 최고의 슬픔이다.
비를 맞기 싫은 만물들아
구름을 쳐다보면서 모든 형제는
어떤 시도 떠올리지 않는다.

이제 구름은 자연이 아니다.

(고형렬「구름을 보며」, 고진하, 1991:93)

이 시는 오늘날의 인간과 자연의 관계를 상징적으로 보여주고 있다. 산성비를 가득 머금은 구름은 이제 더 이상 관조의 대상도 시상을 불러일으키는 자연 풍경도 아닌 모두가 두려워 피하는 "공포"의 존재이다. 동서고금의 자연시에서 여러 가지 의미로 끊임없이 변형되며 노래되었던 구름이 지금까지와는 전혀 다른 존재로 시인에게 새롭게 다가온 것이다. 이제 그 누구도 구름을 보며 시를 떠올리지 않으니 "구름은 자연이 아니다". 자연이 아니라 인간과 다른 생물들에게 해를 끼치는 무서운 존재가 되어버렸다. 이런 점에서 이 시는 현대의 자연시가 왜 생태시가 될 수밖에 없는가를 분명하게 보여주고 있다. 전통적인 자연시의 전제조건이었던 아름다운 자연과 그것을 묘사하는 자아 중 어느 것도 이제는 그대로 남아있지 않기 때문에 자연시는 자연히 이전과는 다른 내용과 형식을 지닐 수밖에 없다.

자연파괴 현상은 도시의 자연뿐 아니라 시골의 자연에도 해당된다. 산업화가 본격적으로 진행되기 전까지만 해도 도시를 조금만 벗어나면 전원적인 시골의 자연을 찾을 수 있었다. 산업화와 도시화로 인한 결과는 비단 도시의 자연만을 망가뜨린 것이 아니라 평화롭고 아름다운 시골의 자연까지도 속속들이 오염시켜서 이제 시골의 자연 역시 더 이상 우리가 돌아가야 할 이상향의 모습을 지니고 있지 못하다. 이를 루드비히 피엔홀트는 역설적 표현을 통해 다음과 같이 말하고 있다.

> **나는 사랑하네 저 푸르고 윤기 흐르는**
> **농약 뿌려진 초원을**
> **저 거품 가득한 산골짝 시냇물이**
> **기름에 절어 졸졸 흐르는 소리를**
> **저 이산화탄소 가득 떠다니는**
> **곡식 들판을**
> **그리고 물기 잃은**
> **독일 떡갈나무가**
> **둔탁하게 빠개지는 소리를**

(Fienhold「Landschaft」, Mayer-Tasch, 1981:59)

제목 자체가「자연 풍경」인 이 시는 현대의 상황은 전통적 의미에서의 목가적인 자연풍경을 더 이상 허락하지 않고, 그 대신 새로운 풍경으로 바뀌었다는 사실을 극명하게 드러내 준다. 자연은 자연이되 농약으로 가득 찬 들판과 기름으로 오염된 시냇물 그리고 공해로 인해 말라죽은 나무들로 이루어진 자연이 우리의 눈앞에 펼쳐진다. 아직 우리에게는 심각한 문제로 제기되고 있지는 않지만 열대 지역이나 유럽에서는 이미 오래 전부터 숲이 죽어가고 있다는 경고가 나왔다. 1983년 이후부터 <숲의 괴사 Waldsterben>라는 용어가 광범위하게 사용되기 시작하였고 문제의 심각성이 널리 알려지게 되었다. 산성비와 자동차 배기가스, 중금속 오염 등의 원인으로 당시 독일 숲의 전체 나무들 중 30%정도가 병든 것으로 판명되었는데, 이 현상은 더욱 진행되어서 2002년의 발표에 따르면 이제 건강한 나무는 30%정도밖에 남지 않았다고 한다.[9] 독일 떡갈나무의 경우 그 피해가 더욱 심하다니 이 시에서 묘사되는 것처럼 도처의 숲에서 떡갈나무가 말라 죽어 "둔탁하게 빠개지는" 소리가 들릴 법하다.

산업화와 도시화로 인한 결과는 도시의 자연만을 망가뜨린 것이 아니라 이처럼 평화롭고 아름다운 시골의 자연까지도 속속들이 오염시켜서 시골의 자연 역시 더 이상 우리가 돌아가야 할 이상향의 모습을 지니고 있지 못하다. 목가적인 자연풍경은 이제 과거의 일이 되어 버렸고 현재의 자연풍경은 단지 부분적으로만 기존의 생각에 부응할 따름이다. 그래서 시골의 자연 역시 신비한 힘을 품고 있는 자연이 아니라 뼛속 깊숙이까지 속속들이 오염된 <망가진 자연>이다. 이에 따라 낭만주의 이래 자연시의 근간을 이루고 있던 <도시-시골>이라는 대립 구도가 사라져버렸다. 이전의 자연시의 경우 도시의 파괴된 자연에 대한 비판은 다른 한쪽에 온전하게 존재하고 있는 "이상적 상으로서의 시골"을 전제로 해서 가능하였다. 그러나 현대에는 그러한 도피처는 어느 곳

---

9) http://www.net-lexikon.de/Waldsterben.html

에도 존재하지 않는다. 시골도 이미 구석구석 공해로 물들어 있기 때문에 생태시에서는 불가불 자연을 현상태대로 직시하는 것 외에는 다른 방도가 없다. 이에 따라 시인들의 자연관은 물론, 시속에 묘사되는 자연상, 묘사방법, 그리고 시어까지도 상당한 변화를 겪게 되었다. 예전에는 상상도 할 수 없었던 <DDT, 수은, 염화칼슘, 일산화탄소, 아황산가스, 페놀>등의 용어들이 생태시에는 빈번하게 사용되고 있다. 그런데 문제는 환경파괴의 참상을 고발하는데 중점을 두다 보니 시적 긴장이 떨어지는 경우가 많다는 것이다. 이럴 경우 생태시는 환경오염을 보도하는 신문기사와 차이가 없어진다. 환경파괴의 문제를 집중적으로 다룬 초기의 생태시는 환경문제를 널리 환기시켰다는 점에서 그 의의가 있다. 하지만 현재는 텔레비전이나 신문 또는 다큐 프로그램들을 통해서 환경문제가 집중적으로 다루어지고 있는 상황이므로 생태문학은 다른 방식으로 생태계 문제에 접근해야 한다. 환경파괴의 문제를 다루되 이를 시적인 방식으로 형상화해서 문학적 질을 높이는 것이 필요하다. 문학만이 할 수 있는 방식으로 이 문제를 다룸으로써 독자들의 인식을 환기시키거나 감동을 통해 변화를 불러일으키는 것이 좋다. 지극히 주관적이지만 독자들의 가슴에 깊이 각인되는 진술은 문학만이 할 수 있다. 그렇기에 시적 표현은 그 어느 담론보다 강렬하게 독자들에게 환경파괴의 실상을 고발하고 문제의식을 불러일으킬 수 있는 것이다. 환경파괴와 생태계 위기 문제를 직접적으로 묘사하는 많은 시들이 시적 성취도에서 떨어지는 이유가 신문기사나 과학 담론과 별 차이가 없기 때문이다. 시적 상상력과 생태적 상상력이 결합되어 환경파괴를 묘사할 때 비로소 좋은 생태시가 나올 수 있다. 전형적인 예가 정현종의 시「들판이 적막하다」이다.

가을 햇볕에 공기에
익은 벼에
눈부신 것 천지인데,
그런데,
아, 들판이 적막하다-
메뚜기가 없다!
오 이 불길한 고요-
생명의 황금고리가 끊어졌느니.... (정현종, 1992:21)

세상 만물은 서로서로 생명의 고리로 연결되어 있고, 따라서 서로에게 꼭 필요한 존재라는 점, 이 고리가 끊어지면 결국 모두 멸망하리라는 생태학적 인식이 이 시의 바탕에 놓여있다. 바로 그 생명의 고리가 끊어져 버림으로써 우리는 이미 멸망의 길로 들어서 있다는 사실을 이 시는 들판의 적막을 통해, 즉 태풍전야의 그 "불길한 고요"를 암시함으로써 더욱 강렬하게 보여준다. 농약의 무차별 살포로 논이 오염되고 그 결과 메뚜기가 사라졌다는, 그래서 결국 엄청난 결과가 도래할 것이라는 장황한 생태학적 보고서보다 이 짤막한 한편의 시가 더 인상적이고 효과적인 이유가 여기에 있다. 게다가 "생명의 황금고리"와 말없음표를 통해 더욱 많은 의미를 말해주고 있고 독자들에게 계속 성찰할 여운을 남겨준다. 생태시는 이제 이처럼 짧은 시구 속에 생태계 문제를 압축 종합해서 보여주고 반성과 성찰을 불러일으키는 역할을 담당해야 할 것이다. 정현종의 다른 시 「깊은 흙」은 한 발 더 나아가 문명비판적 시각을 암시하고 있다.

흙 길이었을 때 언덕길은
깊고 깊었다.
포장을 하고 난 뒤 그 길에서는
깊음이 사라졌다.

숲의 정령들도 사라졌다.

깊은 흙
얄팍한 아스팔트

짐승스런 편리
사람다운 불편.

깊은 자연

얕은 문명. (정현종「깊은 흙」, 1998:75)

정현종은 이 짤막한 시를 통해 현대 문명의 근본문제를 드러낸다. 모든 것을 시멘트로 덮어버리는 아스팔트 문명을 통해 사라진 자연의 깊이와 숲의 정령을 대비시킴으로써 우리가 문명의 편리를 위해 잃어버린 것이 무엇인지를 보여준다. 더 나아가 "짐승스런 편리/ 사람다운 불편"이라는 짤막한 대비를 통해 우리가 지향해야 할 방향까지도 제시한다. 자연의 깊이를 잃어버리고 우리가 얻은 것은 "짐승스런 편리"일 뿐이므로 비록 불편하더라도 자연의 보존을 통해 인간다움을 지키는 일이 필요하다는 것이다. 이를 거창한 용어나 장황한 설명 없이 쉬운 언어로 보여줌으로써 정현종은 우리의 "얕은 문명"을 반성하게 한다.

생태계 위기와 관련해서 문학이 할 수 있는 또 하나의 역할은 미래에 대한 경고이다. 이 상태로 생태계 파괴가 지속되고, 자원을 소비할 경우 인류는 곧 멸망할 것이라는 연구결과를 생태학자들은 내놓고 있다. 이들은 과학적 데이터와 시뮬레이션을 통해 미래 상황을 예측한다. 문학은 이들 생태학자의 연구를 바탕으로 하되 문학적 상상력을 통해 미래의 상황을 선취해서 보여준다. 생태학자들이 경고하는 미래의 상황을 문학은 실제 현실처럼 보여줌으로써 독자들에게 경각심을 불러일으킬 수 있다. 그렇기에 생태시의 상당부분이 종말론적이고 묵시록적 비전을 보여준다.

2. 생태계 위기에 대한 종말론적 경고

생태계 위기를 불러온 가장 큰 원인은 인간의 문명과 탐욕에 있다. 생태시 역시 이 문제를 집중적으로 다룬다. 윤범모의 「버섯과 인간」이라는 시를 보자.

생물학자가 묻는다
인간이란 존재가 모두 사라진다면
지구는 어떻게 될까?

정답을 말하면
아무런 일도 일어나지 않는다!
뭐, 아무 일도 일어나지 않는다고?
아니, 지구를 위하여 좋은 일만 생긴단다

생물학자가 묻는다
지구상에서 버섯 종류가 모두 사라진다면?
정답은
지구가 위태로워진다
뭐, 버섯이 그렇게 중요한 존재였다고?
버섯은 숲을 청소해 주며 건강하도록 도와준단다
숲은 생명의 보금자리가 아닌가

(윤범모「버섯과 인간」, 김욱동, 2011:203)

근본생태학 중에서도 급진적 입장을 대변하고 있는 위시는 과장법을 통해 인간이 지구 생태계를 위협에 빠뜨렸으므로 그 결과 사라지거나 사라져서 마땅한 존재라는 주장을 펼친다. 지구상의 인간은 지금까지 생태계를 파괴한 주범이므로 사라진다면 생태계에는 오히려 잘 된 일이라는 것이다. 그 사실을 생물학자의 과학적 담론을 빌어 진술하면서 동시에 버섯의 경우는 사라질 경우 지구가 위태로울 정도로 생태계에 필요한 존재임을 대비시킨다. 이러한 대비는 지금까지 우리가 은연중에 가져왔던 인간은 만물의 영장이라는 인간중심주의적 사고에 충격을 가하고 인간이라는 존재를 다시 한 번 성찰하게 만든다. 그리고 자연의 복수로 인간이 멸종하기 전에 근본적인 태도변화를 해야 한다는 것을 촉구한다. 자연은 사라져버리고 콘크리트만이 우리를 둘러싸고 있는 상황에서 우리가 자연에 가한 변형과 파괴는 부메랑이 되어 인간에게 다시 돌아오고 있다. 대기와 하천의 오염, 숲의 파괴, 오존층 파괴는 물고기나 동물들에게만 영향을 미치는 것이 아니라 원인을 제공한 인간에게도 마찬가지로 치명적인 위협이 되고 있다. 생태시는 그 위험이 언제든 현실화될 수 있음을 경고한다.

그녀가
씻지 않은
배

하나를
먹었다
그녀의
배가
부풀어 올랐고
그녀의 팔이
퉁퉁 부었고
그녀의
다리가
부어올랐다
그리고
  피부 세포들이
          박편처럼
                우수수
                      떨어져
                            내렸다

(Schneweiss「Birne」, Mayer-Tasch, 1981:71)

하인츠 쉬네바이스의 이 시는 오늘날 우리가 두려워하는 현실을 선취해서 보여주고 있다. 보기에 좋고, 먹음직스럽게 만들기 위해 엄청난 양의 농약을 채소와 과일에 뿌려대기에 마음 놓고 과일과 채소를 먹을 수 없는 것이 오늘날의 현실이다. 오랜 기간에 걸쳐 우리 몸에 잔류 농약이 쌓여서 암이나 기형을 유발한다고 하지만 이대로 가다가는 정말 씻지 않은 배 하나를 그냥 먹었다가 피부가 문드러질 날도 멀지 않았다. 요즘 한참 문제가 되고 있는 어린아이들의 아토피성 피부염도 결국은 우리가 자연에 가한 오염이 면역력이 약한 아이들에게 제일 먼저 돌아오고 있는 것이다. 아토피성 피부염을 앓고 있는 아이들에게 유기농 채소와 곡물을 먹이면 상태가 많이 호전되는 것은 그만큼 농약과 화학물질의 치명성이 크다는 것을 말해준다. 비록 지금은 아이들에게 제일 먼저 문제가 나타나고 있지만 자연 오염의 결과는 위 시처럼 어른들에게도 곧바로 나타날 수 있을 것이다. 쉬네바이스는 그 위험을 간결한 언어로 경고하고 있다. 위 시는 또한 시적 언어와 이미지를 통해서뿐만 아니라 마지막 6행을 순차적으로 배열하여 정말 "피부 세포들"이 우수수 떨어지는 듯한 모습을 시각적으로도 보여주고 있다. 이 역시 문학만이 지니고 있는 형식실험의 가능성을 통해 생태계 위기 문제를 표현하고 있다는 점에서 문학적 성취를 이루었다고 할 수 있다.

인간이 자연을 파괴한 결과 생태계가 위기에 빠지고 인간 역시 멸종될 위기에 처해있다. 이 위험을 경고하는 역할을 생태시는 일찍부터 떠맡았다. 많은 생태시들이 이대로 가다가는 결국 인간과 지구는 함께 멸망하고 말 것이라는 우울한 예언을 하거나, 결국은 멸망해서 생명체 없는 지구가 우주 공간을 공허하게 돌고 있는 모습을 종말론적으로 선취해서 보여준다.

태양을 중심으로 지구가 돈다
그곳에는 아무도 살지 않는다
그들이 일어날 때의 시간인데도
산의 그늘만이 길게 뻗쳐 있다
햇빛이 해골의 눈 속을 통과하며
바람이 불고 오늘은 눈이 내린다
지구는 혼자 외로이 겨울을
빠져나가면서 공중에 떠 있을 뿐
인류는 모두 어디에 갔는가
빈 지구만이 태양을 돌면서 또
태양은 지구를 데리고 멀고도 먼
움직이는 우주를 따라가는 은하
그 은하계를 따라 사라져 간다
지구는 모든 조상들의 묘를 싣고
밤과 낮을 끝없이 통과하리라 (고형렬「지구 墓」, 1991:29)

아름다운 녹색 별 지구에 살던 인류가 멸망해 버리고 "해골의 눈 속"으로 햇빛만이 무심히 비치는 풍경은 섬뜩하다. 지구가 빈 공이 되어 태양의 주위를 공허하게 돌고 있는 상황은 비록 지금의 현실은 아니지만 인류가 어쩌면 맞이하게 될지도 모를 미래이기에 이를 읽는 독자들은 경각심을 느낄 수밖에 없다. 이러한 경고를 통해 이 시는 "모든 조상들의 묘"와 함께 지구 전체가 인류의 무덤이 되어버릴 가능성을 막아야 한다는 강력한 메시지를 우리에게 전달하고 있는 것이다. 물론 사회과학이나 자연과학의 연구가 과학적 수치를 제시하며 20년 뒤, 50년 뒤 지구의 자원이 고갈되고, 온난화를 통해 빙하가 녹아 많은 도시들이 물에 잠기고, 대다수의 인류가 물부족으로 고난을 겪을 것이라는 경고를 계속해왔다. 하지만 위 시처럼 암울한 이미지로 미래의 지구 모습을 보여줌으로써 문학은 그 위험성을 좀 더 광범위하고 강렬하게 많은 이들에게 유포시킬 수 있다. 문학이 지니는 상징과 압축된 언어로 종말론적 비전을 생생하게 그려 보임으로써 이를 읽는 독자들에게 문제의 심각성을 깊이 각인시킬 수 있기 때문이다. 암울한 미래의 모습을 선취해서 보여주는 종말론적 생태시는 궁극적으로는 우리의 잘못된 사회 구조와 생산 방식 그리고 삶의 방식을 바꿀 것을 요구한다. 그 길만이 우리 모두가 살아남을 수 있는 유일한 방안이기 때문이다. 그를 위해서는 문학도 "나무를 읽는 방법"을 배우고 그런 시를 써야 할 것이다.

나무를 읽는 방법에 대하여
나는 시를 써본 적이 없다
지금까지 그렇게 많은 시인들이
그렇게 많은 시를 써서 남겼으나
나무는 읽혀지지 않고 세상은
갈수록 핏기를 잃어간다

이제 나무를 읽는 방법의 시를 쓰리라
지구에 빙하기가 임박한 어느 날
누군가 나무 대신 시집을 난로에 태우며
말하리라! 이 시집이 나무의 유언처럼 읽힌다고
나무가 시집보다 귀해지면
시인들은 시집을 출판하지 않을 것인가?
나무를 읽는 방법을 알지 못했으니
내 시집은 그렇게 태워져라.
그렇다, 시는 나무를 읽는 방법이어야 한다.
이제 그런 시를 쓰고 싶다.

(최종천「시는 그렇게 죽어라」, 2011:23)

3. 자연과 생태계 위기를 가져온 원인을 성찰하는 시

환경파괴의 실상을 고발하거나 그것의 치명적 결과를 묵시록적으로 보여주는 시들은 물론 그 자체로 커다란 의의를 지닌다. 생태계의 파괴를 널리 알리고 우리의 잘못된 삶의 방식을 각성시키는 데에 이 시들은 큰 역할을 하고 있다. 그런데 날로 심각해지는 생태계의 위기를 극복하고 모든 생명이 공존하는 새로운 생태사회를 만들기 위해서는 생태계 위기를 불러온 기존의 삶의 방식을 비판하고 성찰하는 작업이 필요하다. 생태사회에 맞는 새로운 가치와 삶의 방식을 정립하기 위해서는 우선 생태계 파괴의 원인에 대한 근본적인 성찰이 필요하다. 문학은 문학의 언어로 이 작업을 수행한다.

1960년에 발표한 시에서 독일 시인 한스 마그누스 엔첸스베르거는 "무엇인가, 색도 없는 무엇인가가/ 냄새도 없는 무엇인가 질긴 것이" "시간의 이음새"에 자리를 잡고 강물로 흘러들어와 "연어를 죽게"하고 "바다 속에서 넙치를 죽게 한다"며 우리를 위협하는 존재에 대해 언급한 적이 있다.

> 무엇인가가 공중에 있다, 끈적끈적하고
> 질긴, 색도 없는 무엇인가가
> (단지 최근의 주식만이 그것을 알아차리지 못한다)
> 그것은 우리 모두에게, 불가사리와
> 곡식에게도 위험스레 문제되고 있다.
> 우리는 그것을 먹고,
> 무엇인가 질긴 것을 몸속으로 받아들이고,
> 번창하는 호경기 속에서
> 5개년 계획 속에서 잠을 잔다, 순진하게도
> 불타는 속옷 속에서
> 색도 없고, 질긴, 부풀어 오른 심연의 아가리에
> 둘러싸인 인질처럼
> 그렇게 잠자고 있다.
>
> (Enzensberger「an alle fernsprechteilnehmer」, Mayer-Tasch, 1981:171)

이때만 해도 그 무엇인가가 정확히 무엇인지 분명히 언급되고 있지 않았다. 종소리에 묻어 있는 가스 냄새처럼 어렴풋이 보일 듯 보이지 않는 불안한 존재가 공중에 떠있고, 우리의 몸속으로 들어온다. 보이지 않는 그 무엇은 하지만 "우리 모두에게, 불가사리와/ 곡식에게도" 위험한 존재이다. 그 존재는 "심연의 아가리"를 벌리고 우리를 둘러싸고 있다. 그 위험을 아직은 절실히 느끼지 못하고 우리는 "순진하게" 잠을 자고 있다. 그렇지만 위험은 이미 우리 몸속으로 들어와 있는 상태이다. 그 무엇인가가 무엇인지 이 시에서는 분명히 드러나진 않지만 짐작할 수는 있다. "최근의 주식만이 그것을 알아차리지 못한다"는 표현처럼, 그리고 우리가 "번창하는 호경기"와 "5개년 계획" 속에서 그것을 알아차리지 못하고 잠을 자고 있다는 표현처럼 그 무엇은 발전과 관련이 있다. 즉, 발전이 인간과 동식물들에게 치명적인 위험을 가할 무엇인가를 만들어내었고 그것의 영향 속에 우리가 들어 있다는 것이다. 생태계 파괴와 그로 인한 위험이 아직은 널리 알려지지 않았을 때 엔첸스베르거는 시인 특유의 촉수로 공중에 떠도는 불안한 존재를 포착하여 경종을 울린 것이다.

시인의 경종에도 불구하고 기술발전으로 인한 생태계 파괴는 점점 급속도로 진행되어 마침내 모든 사람들의 눈에 보일 정도가 되어서야 사람들은 문제의 심각성을 인식하기 시작하였다. 엔첸스베르거가 말한 그것이 무엇인지는 70년대에 들어서서야 좀 더 구체적으로 그리고 근본적으로 밝혀지게 되었다. 우리 주위의 도처에서 발견되는 자연 파괴와 생태계 위기가 어디에서 연원하였는지를 성찰하고 분석하다보니 자연히 기술문명과 산업화, 물질만능주의에 대한 비판으로 수렴되었기 때문이다. 비판은 우선 물질적 풍요만을 지상의 척도로 내세우고 달려온 우리의 행태에 가해진다. 신경림의 시「이제 이 땅은 썩어만 가고 있는 것이 아니다」는 이 문제를 본격적으로 다루고 있다.

> 봄이 되어도 꽃이 붉지를 않고
> 비를 맞고도 풀이 싱싱하지를 않다
> 햇빛에 빛나던 바위는 누런 때로 덮이고
> 우리들 어린 꿈으로 아롱졌던 길은
> 힘겹게 고개에 걸쳐져 있다
> 썩은 실개천에서 그래도 아이들은
> 등 굽은 물고기를 건져 올리고
> 늙은이들은 소줏집에 모여 기침과 함께
> 농약으로 얼룩진 상추에 병든 고기를 싸고 있다
> 한낮인데도 사방은 저녁 어스름처럼 어둡고
> 골목에는 고추잠자리 한 마리가 없다
> 바람에서도 화약 냄새가 난다
> 종소리에도 개스 냄새가 난다
> (.....)

우리는 너무 허둥대지 않았는가
잘 살아 보겠다고 너무 서두르지 않았는가
이웃을 속이고라도 짓밟고라도
잘살아 보겠다고 너무 발버둥치지 않았는가
(...)
우리는 안다 썩어가고 있는 곳이
내 나라만이 아니라는 것을
죽어가고 있는 것이 내 땅만이 아니라는 것을
저 시베리아의 얼음벌판에 내리는 눈에도
사람의 눈을 멀게 하는 산이 섞였고
아프리카 깊은 원시림의 외진 강에서도
눈이 하나뿐인 고기가 잡힌다는 것을
미시시피강가의 한 마을에서는
목뼈가 없는 아이가 줄지어 태어나고
외국군대가 진을 치고 있는
옛날엔 천국이라던 남태평양의 섬에서도
에이즈와 암으로 사람들이 죽어가고 있다는 것을.

(신경림 「이제 이 땅은 썩어만 가고 있는 것은 아니다」, 고진하, 1991:84)

이 시가 묘사하는 내용은 이제 우리의 일상이 되어 버려서 전혀 낯설거나 이상해 보이지 않는다. '썩은 실개천', '등 굽은 물고기', '농약으로 얼룩진 상추' 등은 너무도 당연해서 오히려 자연스럽게 보일 정도이다. 그만큼 우리 주변에 자연파괴와 환경오염이 심각하게 이루어지고 있는 것이다. 이 시는 우리에게 어느덧 친숙해진 이미지로 자연파괴를 그리고 있지만 그것을 넘어서서 근본적인 성찰, 즉 인간의 역할에 대한 성찰을 담고 있다. 인간이 자연에 가한 변화가 결국은 자연스러운 계절의 순환마저도 혼란스럽게 만들었고, 물고기와 같은 다른 생명체에 심각한 위협을 가져왔다. 산업혁명과 함께 밀어닥친 개발과 기술 발전을 통해 인간은 지구 생태계에 심각한 영향을 미치는 존재가 되었다. 역사상 처음으로 "인간의 행위가 전체로서의 지구 체계에 영향을 미치게" 된 것이다. 이를 통해 인간은 "총 유기물질의 생산과 분배에 깊이 관여하고 (...) 많은 양의 에너지를 방출하고 심지어 기후까지도 변화"시키는 위치에 이르렀다.(브로이엘, 2000:252) 석탄과 석유 등의 화석 연료 사용의 증가로 인해 대기 중 이산화탄소 비중이 높아지고 산업 생산을 통해 배출되는 다른 가스 등과 함께 우주 공간으로 복사되는 열복사선을 차단함으로써 지구 온난화를 가져온 것이다. 전세계적으로 진행되는 평균기온 상승으로 온대지방의 겨울은 점점 짧고 따뜻해지고, 여름은 점점 길고 더워지고 있다. 그러니 겨울이 겨울 같지 않고, 봄도 봄 같지 않게 된 것이다. 지금과 같은 속도로 지구 온난화가 계속되면 2100년도까지 기온이 6°C 상승할 것이라 하니, 그에 따른 엄청난 전지구적 재앙은 굳이 자세히 언급하지 않아도 인간 및 생태계에 커다란 위협이 되고 말았다.

시베리아와 아프리카의 깊은 원시림, 남태평양의 섬까지 자연이 오염되고 그 결과 인간과 다른 생명체가 치명적인 위험에 처해 있는 상황은 인간이 "잘살아 보겠다고" 서두른 결과이다. 이웃뿐 아니라 지구 생태계를 이루며 함께 살아가고 있는 동식물들을 "속이고라도 짓밟고라도/ 잘살아 보겠다고" 달려온 결과이다. 지난 30년간 우리 사회를 지배했던 "잘살아보세"라는 구호의 바탕에는 어떤 수단과 방법을 동원해서라도 물질적 발전을 이루면 된다는 발전 이데올로기가 들어있다. 발전 이데올로기의 근간은 인간중심주의와 물질만능주의이다. 인간의 편리한 생활을 위해서는 자연을 가차없이 이용해야 한다는 생각과 생산과 소비의 극대화를 위해 모든 것을 희생시킬 수 있다는 자본주의의 냉혹한 법칙이 오늘날의 생태계 위기를 가져왔다. 이에 대해 신경림은 근본적인 문제제기를 하고 있는 것이다. 이형기는 이 문제를 좀 더 강렬하고 직접적으로 표현한다.

달걀의 꿈은 병아리다.
그러나 이 도시에서는
병아리로 부화될 수 없는 달걀만이 달걀이다.
(...)
양계장에는 밤이 없다.
밤이면 낮보다 더 강렬한 불빛이

오직 생산!
생산만을 다그친다. (이형기「병아리」, 고진하, 1991:13)

물질적 진보와 편리함, 효율의 극대화를 발전의 척도로 삼는 기술문명은 "오직 생산"만을 강조한다. 양계장의 주목적은 가능한 많은 달걀을 생산해 내는 것이다. 이를 위해 양계장에는 밤낮으로 환한 불을 밝혀놓아 닭들이 끊임없이 알을 낳게 만든다. 이 시스템 속에서 닭은 생명체가 아니라 달걀을 낳는 기계이고, 달걀 역시 병아리로 부화되어야 할 생명의 씨앗이 아니라 인간을 위해 존재하는 소비재일 뿐이다. 닭을 생명체로 보지 않고 도구로 보기 때문에 닭에게서 밤과 휴식을 빼앗고 생산만을 다그친다. 자유롭게 돌아다닐 수 없게 좁게 칸막이 해놓은 공간에 가두고 항생제 듬뿍 든 사료를 줄곧 대주며 끊임없이 달걀을 쥐어짜낸다.

생산과 소비가 중심이 되고 모든 것이 생산의 효율성에 맞춰져 있는 자본주의 생산 체제 속에서 인간도 예외가 되지는 않는다. <좀더 높이, 좀더 빠르게, 좀더 좋게!>를 내세우며 생산을 다그치는 현대 자본주의 문명은 결국 인간마저도 멸망의 구렁텅이로 밀어넣을 것이기 때문이다. 자본주의 사회는 물신주의적 성격 때문에 모든 가치를 상품화하고 그에 따라 인간 사이에, 더 나아가 인간과 자연, 인간과 기술 사이에 소외를 야기한다. 기술적 진보가 보다 나은 미래를 가져다주는 것이 아니라 소외를 더욱 심화시키고, 그 결과 인류뿐 아니라 지구 생명체와 생태계 전체를 파멸의 길로 이끌 수밖에 없다. 인간의 탐욕에 대한 비판은 한 발 더 나아가서 인간까지 포함한 세상만물을 오로지 유용성의 기준으로 평가하는 물신화된 사회에 대한 비판으로 이어진다. 물신화가 생태계를 어떻게 만들 것인가를 아르님 유레는 다음과 같이 말한다.

> **새들, 물고기들, 지구, 숲**
> **이들 모두가 이미 인간의 노획물이 되어버렸다.**
> **인간은 단지 자신이 필요로 하는 것만을 돌보고**
> **시장 가치로 환산하고**
> **사육하고, 도살하고, 거르고. 증류한다.**
> **동물원에다 마지막 동물을**
> **마지막 종들을 전시해 놓는다.**
>
> (Arnim Juhre「Die Ungeborenen schlagen Alarm」, Mayer-Tasch, 1981:192)

모든 것을 시장 가치로 환산하는 사회에서는 이윤을 남기지 않거나 유용성이 적은 것은 자연히 필요 없는 것으로 낙인찍히게 되고, 세상에서 제거된다. 인간생활에 필요 없는 야생동물도 기껏해야 동물원에나 전시용으로 남아 있을 따름이다. 이러한 사회에서는 기술이나 연구 결과가 자연을 최대한 이용하고 착취하는 데 쓰일 수밖에 없다. 왜냐하면 자연을 이용하여 인간에게 편리하고 유용한 물건들을 만들어 내야 한다는 확고한 원칙이 자리잡고 있기 때문이다. 그래야 좀 더 나은 삶이 가능해지며, 이것이 바로 진보와 발전이라고 생각해 왔다. 생태시는 산업사회의 바로 이러한 발전관이 결국은 인간의 멸망으로 귀속될 것임을 경고한다. "좋고 예쁜 것"만을 강조하고 좀 떨어지거나 보기에 좋지 않은 것은 가차 없이 제거하거나 도태시키는 인간의 행동양식에 의해 기술이 사용될 때 우리 사회는 획일화, 비인간화, 물신화되어 결국 멸망할 수밖에 없기 때문이다. 이윤을 극대화하기 위해 기술을 자꾸 발전시키고 효용성을 중심에 놓게 되다 보면 기술맹신주의에 빠져 기술 진보를 진정한 진보로 믿는 위험에 빠지게 된다. 실제 이러한 위험은 가치가 적은 것을 아무 거리낌 없이 말살하고 더 좋고, 더 큰 것을 생산해 내는 유전공학에서 점점 현실화되고 있다. 큰 호박만한 토마토, 가물치만한 미꾸라지 등을 유전자 조작을 통해 만들어 냄으로써 좀 더 크고 좋은 것을 제공하려는 인간의 욕망은 결국 인간에게 부메랑이 되어 돌아오고 있다.

"육골 사료를 먹고 성장호르몬을 주기적으로 투여 받은 젖소"는 어린 나이에 걸맞지 않은 몸무게를 이기지 못해 "관절염"에 걸리거나 "골절"이 될 정도로 비정상적이다. 생후 3년생부터 임신을 하고 그때부터 10년 동안 우유를 짜내던 전통 젖소는 도태된 지 오래이고 최근 개발한 최첨단 젖소는 1년생부터 우유를 생산하여 3년 이내에 도태된다고 한다.(박병상, 2002:66-67) 이처럼 생명의 자연법칙을 어기고 발전을 추구한 결과 좀 더 많은 우유와 고기를 생산할 수 있었지만 결국에는 광우병이라는 치명적인 결과로 나타났다. 광우병이야 겉으로 드러났지만 현재 조기 성숙시켜 일찍 도축하는 축산기술로 생산되고 있는 비육우와 양돈, 양계에게서 어떤 문제가 생길지 아무도 모르고 있다. 사과나 배와 같은 과일도 이러한 방식으로 재배되고 있으며, 유전자를 조작한 콩도 널리 유통되고 있는데 이들이 어떤 위험을 안고 있는지 아직 밝혀지지 않은 상태이다. 시골 마을에서는 길가에 논이 있을 경우 밤에 가로등을 꺼놓는다. 벼들도 밤이면 잠을 자야 제대로 성장할 수 있기 때문이다. 그런데 요즘 도시 근교나 시골의 비닐하우스는 밤에도 불을 환하게 켜놓은 곳이 많다. 상추나 토마토, 깻잎 등을 재배할 때 밤에도 광합성 작용을 할 수 있도록 인공조명을 켜놓기 때문이다. 더 많은 생산을 위해 양계장에 밤낮으로 불을 켜놓듯이 이제는 식물한테서도 밤을 빼앗아 버렸다. 그렇게 자란 달걀과 채소를 우리는 지금 먹고 살고 있는 것이다.

"좋고 예쁜 것"을 추구하는 인간의 욕망은 결국에는 인간 자신에게도 적용되어 인간 스스로를 파멸의 길로 몰아가고 있다. 젊은 여성들의 성형 열풍이 남성들에게까지 옮아가 몸만들기와 뜯어고치기가 필수 사항처럼 되어버렸다. 그 결과 사회가 만들어 놓은 미적 기준에 미치지 못하는 사람들은 점차 도태되고 있다. 인류 전체적으로 보아도 20대 80의

사회가 되어가면서 유능하지 못한 80%의 인간은 '쓸모없는 존재'가 되어 가고 있다. 기술만능주의와 효율주의, 냉혹한 경쟁법칙이 계속 작용한다면 이들 대다수의 '쓸모없는 인간' 들을 도태시킬 기술과 이데올로기가 나오는 것도 시간문제이다. 이러한 파국을 막고 인간과 인간, 인간과 자연, 인간과 뭇 생명이 함께 살아갈 수 있기 위해서는 지금까지와는 다른 방향으로 사회가 발전하고 유지되어야 한다. 지금까지의 사고방식과 생활방식, 생산-소비양식을 버리고 모든 분야에서 새로운 패러다임을 도입해야 지구 생명체의 공멸이라는 암울한 미래에서 벗어날 수 있다. 인간과 지구상의 모든 생명체가 모두 함께 잘사는 세계, 즉 에코토피아의 세계에 대한 논의가 필요한 이유가 여기에 있다. 문학은 바로 이 분야에서 커다란 역할을 할 수 있다. 아직 도래하지 않은 세계에 대한 꿈을 문학 특유의 상상력과 묘사를 통해 꿈꾸고 보여줄 수 있기 때문이다.

4. 생태사회를 꿈꾸는 시

오늘의 생태계 위기를 극복할 가능성과 대안을 모색하는 문제는 비단 문학의 일만은 아니다. 그러나 문학이 지닌 고유의 상상력과 압축된 이미지를 통해 생태중심주의적인 사회 모습을 꿈꾸고 선취하며 그 가능성을 조심스럽게 타진해 보여준다는 점에서 문학은 나름대로의 중요한 역할을 할 수 있다. 우선 자연에 대한 우리 인식을 근본적으로 바꾸는 것이 중요하다. 정현종은 지극히 문학적 방식으로 인간중심의 인식을 생태중심, 생명중심으로 바꿀 것을 역설한다.

> **나무들은**
> **난 그대로가 그냥 집 한 채.**
> **새들이나 벌레들만이 거기**
> **깃든다고 사람들은 생각하면서**
> **까맣게 모른다 자기들이 실은**
> **얼마나 나무에 깃들여 사는지를!**
>
> (정현종「나무에 깃들여」, 1992:52)

인간은 자연에 군림하는 존재가 아니라 오히려 거기에 깃들여 사는 생명체의 하나라는 인식은 인간중심주의에서 생태중심주의로 변해야 한다는 호소이기도 하다. 사실 인간은 다른 동식물과 함께 지구라는 커다란 집에 세들어 사는 존재인데 마치 자신이 지구의 주인인 양 행세해 왔다. 그러다보니 모든 것을 인간을 위한 대상으로, 목적을 달성하기 위한 수단으로 전락시켜서 이용했던 것이다. 이러한 인간의 오만 때문에 생태계는 걷잡을 수 없을 정도로 파괴되었고 그 여파가 다시 인간에게 돌아오고 있다. 이를 극복하기 위한 방안으로 정현종은 사실을 직시할 것을 제안한다. 인간이 나무를 거느리고 살고 있는 것이 아니라 실은 인간이 "나무에 깃들여 사는" 것임을 깨달을 때 인간과 자연의 새로운 관계가 정립될 수 있다. 왜냐하면 "초목이 살아야/ 우리가 살고/ 온갖 생물이 거기 있어야/ 우리도 살아갈 수"(정현종 「나무여」) 있기 때문이다. 정현종은 그래서 "쓰러진 나무를 보면/ 나도 쓰러진다// 그 이파리와 더불어 우리는/ 숨쉬고/ 그 뿌리와 함께 우리는/ 땅에 뿌리박고 사니"(정현종, 1992:52)라고 말한다. 나무가 쓰러지면 인간도 쓰러진다는 말은 인간과 나무는 생명의 고리로 연결되어 있어서 나무가 없으면 인간도 살 수 없다는 것이다. 그렇기에 인간과 자연의 관계를 새로 정립해야 하며 생명에 대한 새로운 인식을 깨우쳐야 한다. 이러한 관계론적 생명관은 바로 생태학적 세계관의 핵심이다. 신덕룡은 이를 "인간과 자연의 유기적 전체를 지향하는 생태학적 세계관의 핵심에는 생명들 사이의 관계에 대한 새로운 인식과 관계맺음을 향한 열망이 도사리고 있는 것이다."(신덕룡, 2001:220)라고 말한 바 있다. 정현종의 시가 보여주는 이러한 새로운 인식은 드볼과 세선이 심층생태학에서 주장하는, 인간이 자신을 되돌아보고 자신을 재발견하는 것이 중요하다는 입장과 맞닿아 있다. 자신을 돌아보는 것은 바로 "생태 의식의 계발"이며, "그 과정은 바위, 늑대, 나무, 강 등의 실체를 더 잘 알게 되는 것, 즉 모든 것이 연관되어 있다는 통찰을 포함"(Devall & Session, 1985:8)하는 것이다. 그렇기에 우리가 "얼마나 나무에 깃들여 사는지를" 깨닫는 것이 중요하다.

자연과의 관계에 대한 인식의 변환은 한 줌의 흙 속에서도 무한한 생명을 발견하게 해준다. "한 숟가락 흙 속에/ 미생물이 1억 5천만 마리래!/ 왜 아니겠는가, 흙 한 술,/ 삼천대천세계가 거기인 것을!"(정현종 「한 숟가락 흙 속에」, 1992:82). 흙 속에 들어있는 미생물에서도 생명의 힘과 숭고함을 느끼는 것은 곧 나무와 산, 바다는 물론 모든 무기물들도 생명으로 인정하고 나아가서 '공경'의 대상으로 삼는 생명사상에 다름 아니니다. 이를 김지하는 "흙도 물도 공기도 바람도/ 모두 다 형제라고/ 형제보다 더 높은/ 어른이라고/ 그리 생각하게 되었지요"라고 표현한다.(김지하 「새봄 3」, 1994: 34) 모든 생명체가 서로 연결되어 있다는 생각을 넘어서서 뭇 생명들의 가치 역시 인간 생명의 가치와 동등하다는 생명 평등주의로 나아가고 있는 것이다. 또한 우리 인간이 자연을 대상으로 삼아 정복하고 개발하면서 잃어버렸던 자연에 대한 존경심과 애정을 회복하는 것이 생태계 위기를 극복하는 길이기도 하다. 이를 홍윤숙은 가을 은행나무 숲에서 "모자를 벗고 경건히 허리 굽혀/ 경배"를 드린다고 표현하였다.

가을날 은행나무 숲에서
내가 할 수 있는 일은
모자를 벗고 경건히 허리 굽혀
경배하는 일이다
어느 고귀한 성자의 장례식인가

천지를 울리는 황금색 장엄함
진·혼·곡
진·혼·곡

가을날 은행나무 숲에서
내가 할 수 있는 일은
오직 모자를 벗고 경건히 두 손 모아
경배하는 일이다

(홍윤숙 「가을날 은행나무 숲에서」, 김욱동, 2011:111)

인간과 자연의 관계를 재정립하고 모든 것이 생태학적 순환 속에서 움직이며, 지금까지와는 다른 가치와 목표를 갖는 사회가 바로 많은 이들이 꿈꾸는 생태사회이다. 이 생태사회가 어떤 모습이며, 우리가 그 사회를 만들기 위해서 무엇을 어떻게 해야 할 것인가를 성찰하는 것도 생태문학이 담당하고 있는 중요한 역할 중의 하나이다. 문학은 꿈을 꿀 수 있기에 생태사회에 대한 소망을 선취해서 보여줄 수 있다. 문학 나름의 방식으로 우리에게 생태사회의 모습을 보여주는 작품으로 박노해의 「내가 보고 싶은 것들」을 들 수 있다.

9시 뉴스를 진행하는 장애우 앵커를 보고 싶어요
노동하는 삶의 철학을 강의하는 노동자 교수님을 보고

싶어요

이혼한 젊은 여자가 실력 있는 대통령으로 뽑히는 걸 보고 싶어요

동남아시아계 서울 시장이 세계경영을 이끄는 걸 보고 싶어요

서울역에서 상경하는 농사꾼에게 정중히 경례하는 경찰들이 보고 싶어요

안기부 청사에 아이들과 김밥 싸들고 격려 방문하는 시민들을 보고 싶어요

북한 노동자의 손에 깨끗이 쓰러진 수령의 동상을.
항일운동하던 시절의 김일성 장군 사진이
독립기념관에 걸려진 걸 보고 싶어요

거리에 자동차보다 많은 자전거의 물결을 보고 싶어요
안 갖는 궁지로 적게 벌고 나누어 쓰자며 '푸른 생산'을 내건
파업 노동자들을 만나고 싶어요

토실토실 살 오른 아프리카 아이들이
두 뺨 발그레한 남북한 아이들과 어우러져
맑은 한강에서, 낙동강에서 발가벗고 물장구치는
여름 캠프를 보고 싶어요

초파일에 연등을 켜 단 교회에
성탄절에 트리를 세운 산사에 가보고 싶어요
존경받는 레즈비언 국회의원과 악수를 나누고 싶고,
흑인 여성 교황을 만나보고 싶어요
먼 행성에서 온 외계 생명과 우주영성시대를 함께 토론하고 싶어요

무엇보다도 나이 들수록 화를 적게 내고 욕심이 줄어들어
안으로 다습게 잘 익어가는 내 모습
돈 버는 능력보다 사랑하는 능력이 부쩍 커져서
갈수록 새로워지고 깊어지는 내 모습이 보고 싶어요

(박노해, 1997:134-135)

이 시는 생태사회의 기본이 되는 매우 특징적인 원칙들에 대해 말하고 있다. 새로운 질서와 원칙은 현대 자본주의 물질문명이 내세우는 가치들을 부정하며 공생과 조화 그리고 다양성의 공존을 강조한다. 새로운 사회는 신분이나 지위, 사회적 편견에 의해 소수자가 차별받지 않는 평등한 사회이다. 장애자, 외국인, 이혼한 여자, 레즈비언처럼 사회의 주류에서 벗어난 이들이 그로 인해 억압받지 않고 당당하게 자신의 권리를 찾고 능력을 발휘할 수 있는 사회를 이 시는 대안으로 제시한다. 이 사회는 또한 경찰이나 안기부와 같은 권력기관이 국민의 상전이 아니라 "백성들의 가슴에 단

꽃”(신동엽『금강』)과 같은 역할을 하는 부드러운 권력이 있는 곳이다. 그곳은 참과 거짓, 적 아니면 아군, 승리 아니면 패배만이 있는 이분법적 사고가 더 이상 유효하지 않고 타자의 ‘다름’을 인정하고 다양성을 추구하는 사회이다. 그렇기에 아프리카와 남북한 아이들이 함께 어우러지고, 교회와 절이 서로를 인정하며 축복하는 것이 가능하다. 그러나 이 모든 새로운 가치만으로는 완전히 새로운 사회가 될 수 없다. 생태학적 인식과 생태적 가치가 바탕을 이루어야 비로소 새로운 사회, 즉 생태사회가 완성된다.

생태사회는 화석연료를 고갈시키고 환경과 인간의 건강을 해치는 자동차 대신 자전거가 중심이 되고, 노동자들은 “적게 벌고 나누어 쓰”는 “푸른 생산”을 위해 파업하는 곳이다. 한강과 낙동강이 깨끗해져서 아이들이 마음껏 물장구를 칠 수 있는 곳이기도 하다. 생태적 시각은 한반도를 넘어서서 더 이상 굶주리지 않는 아프리카의 어린이와 흑인 여성 교황과 외계 생명에 대한 관심, 즉 전지구적이며 전우주적인 관심으로 확대된다. 지구상의 모든 생명체가 각자의 소중한 권리를 지니고 있으며 서로서로 얽혀있는 공생의 관계이기에 모두가 함께 잘 어우러져 살아야 한다는 인식은 사회와 생태계의 문제를 전지구적으로 생각하는 모습을 보여준다. 특히, 생태사회를 이루기 위해서는 제도적인 변화만 아니라 궁극적으로는 우리 인간의 욕망을 줄여야 한다는 주장은 생태계 문제를 외적, 내적 요인을 모두 고려하여 종합적으로 해결하려는 문제의식을 보여준다. "적게 벌고 나누어 쓰는" "푸른 생산"과 화를 적게 내고 욕심을 줄이며 "돈 버는 능력보다 사랑하는 능력"을 강조함으로써 생태사회가 추구해야 할 가치기준을 제시하고 있다는 점에서도 이 시는 대안적이라 할 수 있다.

1990년대에 나온 박노해의 시는 그보다 30년 전에 나온 신동엽의 시와 많은 점에서 연결되어 있다. 생태계 위기나 생태사회에 대한 논의가 시작되지도 않았던 1968년에 신동엽은 이미 시를 통해 생태사회의 유토피아를 선취해서 보여주었다.

> 스칸디나비아라든가 뭐라구 하는 고장에서는 아름다운 석양 대통령이라고 하는 직업을 가진 아저씨가 꽃리본 단 딸아이의 손 이끌고 백화점 거리 칫솔 사러 나오신단다. 탄광 퇴근하는 鑛夫들의 작업복 뒷주머니마다엔 기름 묻은 책 하이데거 럿셀 헤밍웨이 莊子 휴가여행 떠나는 국무총리 서울역 삼등 대합실 매표구 앞을 뙤약볕 흡쓰며 줄지어 서 있을 때 그걸 본 서울역장 기쁘시겠오라는 인사 한마디 남길 뿐 평화스러이 자기 사무실 문 열고 들어가더란다. 남해에서 북강까지 넘실대는 물결 동해에서 서해까지 팔랑대는 꽃밭 땅에서 하늘로 치솟는 무지개빛 분수 이름은 잊었지만 뭐라군가 불리우는 그 중립국에선 하나에서 백까지가 다 대학 나온 농민들 추럭을 두대씩이나 가지고 대리석 별장에서 산다지만

> **대통령 이름은 잘 몰라도 새이름 꽃이름 지휘자이름 극작가 이름은 훤하더란다 애당초 어느 쪽 패거리에도 총 쏘는 야만엔 가담치 않기로 작정한 그 知性 그래서 어린이들은 사람 죽이는 시늉을 아니하고도 아름다운 놀이 꽃동산처럼 풍요로운 나라, 억만금을 준대도 싫었다 자기네 포도밭은 사람 상처 내는 미사일기지도 땡크기지도 들어올 수 없소 끝끝내 사나이나라 배짱 지킨 국민들, 반도의 달밤 무너진 성터가의 입맞춤이며 푸짐한 타작소리 춤 思索뿐 하늘로 가는 길가엔 황토빛 노을 물든 석양 대통령이라고 하는 직함을 가진 신사가 자전거 꽁무니에 막걸리병을 싣고 삼십리 시골길 시인의 집을 놀러 가더란다.** (신동엽「散文詩 1」, 1989:83)

신동엽이 꿈꾸는 사회는 많은 면에서 현대 사회와 대립된다. 무소불위의 권력을 행사하는 대통령이나 특권을 당연시하는 국무총리가 아니라, 일반시민들처럼 직접 딸아이의 손을 잡고 칫솔을 사러나가는 대통령과 서울역 매표구에서 줄서서 기다리는 국무총리가 있는 사회이다. 또한 블루칼라와 화이트칼라가 명확히 나누어지고, 사무직이 지배적 위치를 차지하고 있는 사회가 아니라, 광부나 농민도 대학을 나오고 하이데거와 장자를 읽는 정신노동과 육체노동이 통합되어 있는 사회이다.[10] 그리고 반전과 평화주의를 실천하고,

---

10) 신동엽은 이 시에서 정신노동과 육체노동 그리고 도시와 농촌의 격차를 없애고 모두가 함께 잘사는 사회를 꿈꾸고 있다. 그래서 그 사회에서는 농민

삶의 의미를 사색하며 함께 모여 흥겹게 춤추는 사회, 새 이름과 꽃 이름에 훤한 자연친화적 사회이며, 대통령이 자전거에 막걸리병을 싣고 시골길을 달려 친구에게 찾아가는 세계이다. 이 세계는 물론 여전히 도래하지 않은 이상사회이다. 하지만 많은 사람들이 꿈꾸는 사회이기도 하다. 문학은 그 세계를 우리 눈앞에 그려줌으로써 그리움을 불러일으키는 역할을 할 수 있다.

사실 그런 사회는 멀리 있는 것이 아니다. 우리가 현재의 삶을 뒤돌아보고 무엇이 정말로 중요한 것인지 다시 성찰하고 지금까지와는 전혀 다른 새로운 관점을 갖게 된다면, 그런 새로운 인식에 도달한 사람들이 점점 많아진다면 실현될 수 있는 사회이다. 속도와 문명 그리고 과도한 노동에 지친 현대인들에게 안도현은 「일기」라는 시에서 새로운 인식 전환을 촉구하며 소박하고 진솔한 삶을 대안으로 제시한다.

오전에 깡마른 국화꽃 웃자란 눈썹을 가위로 잘랐다

들도 "트럭을 두 대씩이나 가지고 대리석 별장"같은 좋은 집에서 살며 도시의 부자 못지않은 풍요로운 삶을 누린다고 말한다. 이는 더 많은 생산이나 물질적 풍요가 아니라 소박하고 자연친화적 삶을 중시하는 생태주의와 맞지 않는다. 이 지점에서 이 시는 "안 갖는 긍지로 적게 벌고 나누어 쓰자"는 안빈낙도의 가치를 주창하는 박노해의 시와 갈린다. 신동엽이 당시의 너무도 열악하고 가난한 한국의 농촌 현실을 안타까워하며 선진국처럼 풍요로운 농촌을 꿈꾼 것은 이해가 가지만 오늘날의 생태주의적 관점에서 볼 때 이점은 분명 한계를 지니고 있다. 이는 신동엽 개인의 한계라기보다는 생태주의가 본격적으로 대두대기 이전인 1960년대라는 시대적 한계라고 할 수 있다.

오후에는 지난 여름 마루 끝에 다녀간 사슴벌레에게 엽서를 써서 보내고

고장 난 감나무를 고쳐주러 온 의원醫員에게 감나무 그늘의 수리도 부탁하였다

추녀 끝으로 줄지어 스며드는 기러기 일흔세 마리까지 세다가 그만두었다

저녁이 부엌으로 사무치게 왔으나 불빛 죽이고 두어 가지 찬에다 밥을 먹었다

그렇다고 해도 이것 말고 무엇이 더 중요하다는 말인가

(안도현「일기」, 2012:12)

이 시의 제목은 「일기」이다. 일기란 그날 하루 있었던 일을 기록하는 것이다. 제목에 걸맞게 시적 화자는 하루 동안 자신이 한 일을 담담히 서술한다. 그런데 시적 화자가 하루 종일 한 일이라는 것이 좀 유별나다. 시적 화자가 오전에 한 일이란 시든 국화꽃 눈썹을 자른 것이 전부이고, 오후에는 사슴벌레에게 엽서를 쓰고, 감나무를 조금 손 본 것이 다이다. 저녁녘엔 하늘을 날아가는 기러기를 세다가 소찬을 차려 저녁밥을 먹는다. 그것이 전부이다. 시적 화자가 일기에 쓴 내용은 생산과 발전, 진보 그리고 효율성을 강조하는 무한경쟁 시대의 현대사회에서 중요하다고 내세우는 기준으로 보면 결코 바람직하지 않고 오히려 쓸 데 없는 일들뿐이다. 그것을 시적 화자도 인식하고 있는지 마지막 행에서 "그렇다고 해도 이것 말고 무엇이 더 중요하다는 말인가"라고 반문한다. 이 마지막 구절로 인해 이 시는 현대사회에 대한 저항이자 대안적 가치를 제시하는 생태시가 된다. 현대사회의 기준으로 보면 한심하거나 비효율적 일이라 평가되겠지만 '정말로 그러한가', '내가 오늘 하루 한 일들보다 더 중요한 일이 어디 있단 말인가'라는 강력한 문제제기를 담고 있기 때문이다. 시적 화자가 중요하게 생각하는 삶은 안빈낙도, 자연과의 소통 그리고 무위의 삶이다. 국화꽃의 눈썹을 자르거나 사슴벌레에게 엽서를 쓴다는 표현은 식물이나 곤충을 인간과 대등한 소통 파트너로 바라본다는 것이고, 감나무를 치료해주러 의원이 왔다는 표현에는 감나무도 우리 인간처럼 아파하는 존재라고 보는 생명 중심주의적 인식이 바탕에 놓여있다. 한밤중에도 불을 환히 밝혀놓아 주변의 자연을 교란시키는 현대인의 인간중심주의적 행동 대신에 시적 화자는 불빛을 죽이고 간단한 식사를 한다. 어둑한 불빛에서 두어 가지 찬에다 밥을 먹는 화자의 행동은 우리가 잃어버린 것, 그래서 회복해야 할 것이 무엇인지 알려준다. 과식과 물질적 풍요를 중요한 가치로 생각하는 현대인과는 달리 시적화자는 소박하고 검소한 삶을 강조하며 그것을 직접 실천한다. 그러면서 시적 화자는 자신이 오늘 하루 한 일들이야말로 정말로 중요한 것임을 선언한다. 그렇게 해서 이 시는 현대사회의 삶의 방식과는 근본적으로 다른 대안적 삶의 방식을 선포하는 선언적 의미를 지닌다. 매우 쉬운 언어로 조용조용 이야기하는 이 시는 우리가 지향해야 할 궁극적인 삶이 무엇이며 대안적 가치가 무엇인지에 대한 매우 강렬한 메시지를 담고 있다. 그런 점에서 이 시는 생태사회를 위한 문학의 가능성을 보여주고 있다.

미래의 유토피아에 대한 소망, 우리가 일구어야할 희망에 대한 간절한 표현인 문학은 이렇듯 우리에게 순간의 깨우침과 개안의 희열을 맛보게 해준다. 문학은 또한 지극히 문학다운 방식으로 자연과 합일되는 순간의 아름다움, 자연이 파괴되면 될 수록 더욱 강렬해지는 그 아름다움을 찰나적으로 보여준다. 박형진은 「사랑」이라는 시에서 그 순간을 이렇게 포착한다.

> 풀여치 한 마리 길을 가는데
> 내 옷에 앉아 함께 길을 간다.
> 어디서 날아왔는지 언제 왔는지
> 갑자기 그 파란 날개 숨결을 느끼면서
> 나는
> 모든 살아있음의 제 자리를 생각했다.
> 풀여치 앉은 나는 한 포기 풀잎

내가 풀잎이라고 생각할 때
그도 온전한 한 마리 풀여치
하늘은 맑고
들은 햇살로 물결치는 속 바람 속
나는 나를 잊고 한없이 걸었다.
풀은 점점 작아져서
새가 되고 흐르는 물이 되고
다시 저 뛰노는 아이들이 되어서
비로소 나는
이 세상 속에서의 나를 알았다.
어떤 사랑이어야 하는가를
오늘 알았다. (박형진, 1994:78)

우월한 입장으로 자연을 대하던 지금까지의 태도를 버리고 우리가 한 줄기 풀이 되어 풀여치를 대할 때 비로소 진정한 사랑과 조화가 회복될 수 있다. 내 옷 위로 날아와 앉은 풀여치의 존재를 인식하고 새롭게 바라보는 순간, 지금까지는 느끼지 못했던 "그 파란 날개 숨결을" 갑자기 깨닫는다. 어디서 언제 날아와 내 옷 위에 앉아 있었는지 그 사실조차 몰랐을 때는 풀여치는 존재하지 않고 인간인 나만 존재했다. 그러다가 풀여치의 존재를 새삼 느끼고 새롭게 바라보자 비로소 모든 생명의 존재, 즉 "살아있음의 제자리"를 깨닫는 것이다. "살아있음의 제자리"는 생명체들이 함께 어울려 살아간다는 깨달음이다. 이러한 깨달음은 인간과 다른 생명과의 관계가 어떠해야 하는가에 대한 성찰로 이어진다. 풀여치의 존재를 느끼는 순간 그 "풀여치 앉은 나는 한 포기 풀잎"이 되고 "내가 풀잎이라고 생각할 때" 풀여치 역시 "온전한 한 마리 풀여치"가 된다. 여기서 "온전한"이라는 표현은 많은 의미를 내포하고 있다. 쌍방향의 존재 인정이 이루어질 때, 즉 두 생명 사이의 상호 교감이 이루어질 때 비로소 두 생명 모두 온전하게 존재할 수 있다는 인식이 들어있기 때문이다. 정현종의 「나무여」에서는 인간이 나무에 깃들여 사는 존재라는 점이 부각된 데 비해 이 시에서는 인간과 풀여치가 서로서로에게 깃들여 있는 존재임을 강조함으로써 한 단계 더 나아갔다고 할 수 있다. 이렇듯 다른 생명과의 교감이 이루어질 때 세상과의 조화가 완성된다. 그 순간 나를 잊는 몰아의 경지에 도달하게 된다. 몰아의 상태에선 세상 만물과 내가 하나가 된다. 그 상황은 바로 사랑의 상태이자 찰나적 유토피아의 상태에 다름 아니다. 그래서 이 시는 사랑의 관계로 세상 만물과 연결되어야 한다는 깨달음으로 끝난다.

이런 사랑과 마음으로 만물을 대할 때 어떻게 자연파괴가 이루어지고 무자비한 살육이 이루어지겠는가. 사랑의 마음을 깨닫는 것이 생태중심의 세계로 가는 첫걸음임을 이 시는 생각하게 해준다. 파국을 향해 달려가고 있는 생태계 위기의 시대에 문학이 할 수 있는 일은 어쩌면 모든 생명에 대해 이러한 사랑을 불러일으키는 일, 그리고 문학적 방법으로 그에 맞서 싸우는 일일지 모른다. 이를 김정란 역시 「사랑으로 나는」이라는 시에서 보여준다.

> 사랑으로 나는 내가 보았던 매미 날개와 매미 날개에 머무는 햇살과 그 햇살의 순간의 예민한 망설임들을 이해한다. 사랑으로 나는 내가 보지 못했던 오로라와 그 오로라가 우주 먼 곳 태어나지 않은 역사와 맺는 관계를 이해한다. 사랑으로 나는 내 내장 깊은 곳까지 박힌 칼들을 이해한다. 사랑으로 나는 언젠가 그 칼들이 나를 더 이상 아프게 하지 못할 날이 올 것이라는 것을 이해한다.
>
> 사랑으로 나는 죽어가는 세계의 모든 생명들과 이제 막 태어나는 어린 생명들과 하나가 되고 싶다, 될 것이라고 믿는다, 될 것이다. 사랑으로 나는 나이며 너이며 그들이다. 사랑으로 나는 중심이며 주변이다. 사랑으로 나는 나의 상처의 노예이며 주인이다. 사랑으로 나는 나의 상처를 세계의 상처 위에 겸손하게 포개놓는다. 세계, 나의 아들이며 나의 지아비인 세계의 상처 위에, 나처럼 아프고 불행한 세계의 상처 위에, 가만히, 다만 가만히. (신덕룡, 2001:492)

박형진의 시에서처럼 이 시에서도 시인과 다른 생명을 이어주는 끈은 사랑이다. 사랑으로 보면 비로소 매미와 매미 날개, 그 위에 머무는 햇살이 보인다. 보는 것을 넘어서서 "햇살의 순간의 예민한 망설임"마저도 이해한다. 이 시에서는 나와 다른 생명체뿐만이 아니라 생명 없는 햇살과도 합일이 이루어진다는 점이 박형진의 시와 다르다. 나와 매미와 햇살이 삼위일체가 되어 함께 어우러지는 합일의 순간이 사랑으로 가능해지는 것이다. 사랑은 또한 내가 보지 못한 "오로라"와 "그 오로라가 우주 먼 곳 태어나지 않은 역사와 맺는 관계"를 이해할 수 있게 해준다. 보이지 않고, 체험하지 않은 것, 멀리 있는 것마저도 나와 연결되어 있으며, 미래의 역사와 이어져 있다는 인식은 모든 생명체는 서로 연결되어 순환적 관계 속에 존재한다는 생태학적 세계관의 핵심이기도 하다. 지구상의 모든 생명체가 각자의 소중한 권리를 지니고 있으며 서로서로 얽혀있는 공생의 관계이기에 모두가 함께 잘 어우러져 살아야 한다는 인식은 생태계의 문제를 전지구적으로 생각하고 해결해야 한다는 의미를 담고 있다. 이런 관점에서 시인은 "죽어가는 세계의 모든 생명들과 이제 막 태어나는 어린 생명들과 하나가 되고"싶다는 강력한 소망을 피력한다.

세상 만물과 사랑으로 하나가 된 상태에서 "나는 나이며 너이며 그들"이 되어 구분이 없어진다. 나와 세상, 자아와 타자를 구분하는 이분법이 단순한 차이의 확인을 넘어서서 많은 경우 인간과 동물, 남성과 여성, 친구와 적, 삶과 죽음, 중심과 주변, 동양과 서양 등의 구분처럼 하나의 가치를 우위에 두고 다른 가치를 배제하는 방식으로 이루어졌다. 이런 구분에서 타자와 자연에 대한 억압과 착취가 시작된 것이다. 사랑으로 하나가 된 상태는 바로 이러한 문제를 극복할 수 있는 방안이다. 중심과 주변도 없고 세계는 "나의 아들이며 나의 지아비"인 상황에서 자연과 생명에 대한 억압과 배제가 일어날 리 만무하다.

이러한 에코토피아적 세계는 아직 도래하지 않았다. 하지만 문학은 찰나적인 합일의 순간을 포착하여 그것을 시적 언어로 표현함으로써 그 세계의 끝자락을 들여다볼 수 있게 만든다. 이런 시들이 많아지면 독자들의 마음에 에코토피아에 대한 그리움과 열망이 생겨날 것이다. 언젠가 도래할 그 세계는 그러나 그리움만으로 실현되지는 않는다. 정현종의 「요격시」처럼 모든 죽음의 망령에 우리의 사랑의 마음을, 살아 있는 생명을 맞세우는 부단한 노력이 있어야 가능할 것이다. 이러한 역할을 생태문학이 좀 더 적극적으로 담당할 때 우리는 코앞으로 다가온 공멸의 위험에서 벗어나 세상 만물 모두가 두루두루 함께 잘 사는 새로운 세계를 이루어낼 수 있을 것이다.

다른 무기가 없습니다
마음을 발사합니다
두루미를 쏘아올립니다 모든 미사일에
기러기를 쏘아올립니다 모든 폭탄에
도요새를 쏘아올립니다 모든 전폭기에

(...)
까마귀를 발사합니다 승리 중독자들한테
발사합니다 먹황새 물오리 때까치 가마우지......
하여간 새들을 발사합니다 그 모오든 死神들한테

(정현종, 1992:69)

이렇게 죽음의 사신과 전쟁무기와 승리중독자들에게 '눈에는 눈, 이에는 이'가 아니라 사랑의 마음과 세상의 모든 생명을 맞세운다면 사랑과 평화가 흘러넘치는 유토피아의 세계가 도래할 수 있음을 정현종은 「요격시2」에서 보여준다.

다른 무기가 없습니다.
마음을 발사합니다.
토마호크 미사일은 떨어지면서 새가 되어 사뿐히 내려앉았습니다.
스커드 미사일은 날아가다가 크게 뉘우쳐 자폭했습니다.
재규어 미사일은 떨어지는 순간 꽃이 되었습니다.
패트리어트 미사일은 날아가다가 공중에서 비둘기가 되었습니다.
지이랄 미사일은 바다에 떨어져 물고기가 되었습니다.
도라이 미사일은 사막에 떨어지면서 선인장이 되었습니다.
자기악마 미사일은 어떤 집 창 앞에 떨어지면서 나비가 되었습니다.

디스페어 미사일은 어떤 집 부엌으로 굴러들어가 숟가락이 되었습니다.

플레이보이 미사일은 어떤 아가씨 방으로 숨어들어가 에로스가 되었습니다.

머어니 미사일은 어느 가난한 집 안방에 들어가 금이 되었습니다.

우라누스 미사일은 땅에 꽂히는 순간 호미가 되었습니다.

재구덩이 미사일은 저를 만든 공장에 들어가 그 공장을 날려버렸습니다.

머커리 미사일은 아주 작아져 어떤 아이의 호주머니 속으로 들어가 속삭였습니다:

이걸로 엿이나 바꿔 먹어.

··

우리는 저 시체들의 폐허 위에서 부르짖습니다. (UN의 힘을 훨씬 더 강화하면서)

UN은 무기개발을 지금으로부터 영원히 중지하는 결의안을 채택하라! (정현종「요격시2」, 1992:78)

정현종이 꿈꾸는 유토피아의 세계는 기독교와 불교에서 말하는 평화의 세계와도 맞닿아 있는 점이 흥미롭다. 그 세계를 구약의 선지자 미가는 "나라마다 칼을 쳐서 보습을 만들고 창을 쳐서 낫을 만들 것이며, 나라와 나라가 칼을 들고 서로를 치지 않을 것이며, 다시는 군사 훈련도 하지 않을 것입니다."(미가서 4:3)라고 표현했다. 석가모니는 정현종의 시에서처럼 자신에게 날아오는 화살을 연꽃으로 바꾸어 버렸다. 석가모니가 깨달음을 얻어 부처가 되지 못하도록 욕계(欲界)를 다스리는 마왕이 군대를 보내 폭력으로 굴복시키려 했다. 하지만 마왕의 군대가 자신에게 쏜 빗발치는 화살을 보고 석가모니가 두려움과 공포를 느끼기는커녕 연민과 자비심을 담은 눈길로 바라보자 화살들은 그만 그의 앞에서 연꽃으로 변해 땅에 떨어졌다고 한다.

III

인간과 자연의 공존 가능성
– 미야자키 하야오의 생태영화

생태시나 생태소설에 비해 생태영화라는 개념은 낯설다. 오히려 최근 여러 곳에서 개최하고 있는 환경영화제의 경우처럼 환경영화라는 개념이 훨씬 친숙하고 많이 쓰이고 있다. 서울환경영화제는 2014년에 11번째를 맞았으니 꽤 역사가 오래되었고 그만큼 환경영화라는 용어를 대중화하는 데 큰 기여를 하였다. 그럼에도 불구하고 필자가 환경영화 대신 생태영화라는 용어를 사용한 것은 환경문학, 생명문학, 녹색문학을 모두 통틀어 생태문학으로 보자는 생태문학에 대한 입장과 궤를 같이한다. 소박한 자연보호와 환경파괴에 대한 비판에서부터 인간과 자연의 관계를 근본적으로 성찰하고 생태계의 위기를 극복할 수 있는 새로운 패러다임을 모색하는 문학 모두를 통틀어 생태문학이라고 정의하는 것처럼 이러한 문제의식을 담고 있는 영화 역시 환경영화보다는 생태영화라고 부르는 것이 좀 더 일관되고 포괄적이기 때문이다.

영화는 매체적 특성과 그 대중성으로 인해 시나 소설보다 훨씬 광범위한 대중과 소통할 수 있다. 따라서 영화가 환경과 생태계 문제를 본격적으로 다루면서 생태주의를 감동적으로 전달할 때 관객들에게 그 어떤 다른 장르보다 훨씬 커다란 파급효과를 불러일으킬 수 있다. 감동적인 생태영화는 시나 소설이 할 수 없는 커다란 영향력을 가지고 있다는 점에서 문학생태학이 주목해야 할 분야이다. 오락성과 수익성을 중요시하는 상업영화가 영화산업의 주축을 이루고는 있지만 그동안 국내외적으로 환경문제나 생태계 문제를 다룬 생태영화 역시 상당 수 나왔다. 2009년도에 개봉되어 다큐멘터리 영화로는 드물게 250만 명 이상의 관객을 동원한 <워낭소리>를 비롯하여, 2008년에 주목을 받은 <지구> 그리고 그 전에 나온 <슈퍼 사이즈 미>(2004), <불편한 진실>(2006), <푸드 주식회사>(2008), <홈 Home>(2009), <더 코브: 슬픈 돌고래의 진실>(2009), <노 임팩트 맨>(2009), <체르노빌 -다시 쓰는 자연사>(2010), <트루맛 쇼>(2011) 등이 모두 인간과 자연의 관계나 지구생태계의 위기를 문제 삼는 중요한 생태영화들이다. 흥미로운 점은 이들 영화의 대부분이 다큐멘터리라는 점이다. 지금도 환경이나 생태계 문제를 직접적으로 다룬 다큐멘터리 영화가 계속해서 만들어지고 있다. 영화는 아니지만 TV 다큐멘터리로 제작되어 MBC에서 방영된 <남극의 눈물>과 <아마존의 눈물>도 커다란 반향을 불러일으키며 생태계 위기의 심각성을 일깨워주었다. 이처럼 성공한 생태영화의 상당수가 다큐멘터리인 것은 장르 특성상 생태계 파괴의 심각성과 문제점을 절실하게 잘 그려줄 수 있기 때문이다. 그리고 4대강 사업처럼 그때그때 벌어지는 생태계 파괴의 문제에 발빠르게 대응하는 데에는 역시 다큐 형식이 훨씬 적합하다는 매체의 특성도 작용하였다.

그렇긴 하지만 극영화나 애니메이션에도 여러 편의 생태영화가 나왔고 흥행에 있어서도 성공한 경우가 많다. 핵전쟁이나 기술발전에 따른 미래의 디스토피아를 그린 SF영화와 함께 <실크우드>(1983), <에린 브로코비치>(2000), <투모로우>(2004), <클라우드>(2006), <아바타>(2009) 등이 있고, 국내영화로도 <원더풀 데이즈>(2003), <괴물>(2006), <소와 함께 여행하는 법>(2010), <설국열차>(2013) 등이 생태영화에 속한다고 할 수 있다. 이처럼 생태문제를 다룬 영화가 상당수 있음에도 불구하고 생태영화에 대한 연구는 그리 활발하지 못한 편이다. 생태문학을 연구하는 이들이 영화를 대상으로 삼는 경우가 드물고, 영화전문가들은 생태문제에 아직은 큰 관심을 기울이지 않기 때문에 생겨난 문제이다. 사실 <워낭소리>는 생태문제를 직접적으로 다루지 않고 인간과 소의 관계를 중심에 놓다보니 이 영화의 생태주의가 전면에 드러나지 않아 주목을 끌지 못했다. 그렇기에 워낭소리를 생태적 관점에서 본 비평이 거의 나오지 않은 것이다. 하지만 『워낭소리』는 인간과 자연의 다른 생명과의 교감 및 소통, 전통과 현대, 옛 것과 새 것, 자연친화적 기술 대 현대적 기술 그리고 느림과 빠름의 대비를 보여준다는 점에서 생태주의적 특징을 많이 포함하고 있다. 그런 점에서라도 문학생태학은 이제 그동안 소홀히 다루었던 생태연극이나 생태영화에 대해 관심을 기울일 필요가 있다. 다행스러운 것은 2009년에 <아바타>가 나온 후 다양한 전공의 많은 연구자들이 이 작품에 주목하여 생태주의적 관점으로 다양하게 분석한 글이 많이 나왔다는 사실이다. 앞으로 이러한 연구가 활발해진다면 생태영화 연구는 문학생태학의 중요한 부분이 될 것이다.

생태문제를 다룬 영화중에서 미야자키 하야오의 애니메이션 역시 많은 사람들의 주목을 받았다. 그의 작품은 기본적으로 생태계 파괴의 문제나 인간과 자연의 관계를 성찰하고 있다. 그러나 우리나라에서는 대부분의 경우 단평이나 간단한 분석으로 그치고 그의 작품을 생태주의적으로 분석한 본격적인 논문이나 책은 별로 없는 실정이다. 이 장에서는 미야자키 하야오의 작품 중에서 환경생태 문제가 중심이 되고 있는 두 편의 애니메이션, 『바람계곡의 나우시카』(1983)와 『원령공주』(1997)를 중심으로 인간과 자연의 공존 가능성을 살펴보려 한다.

1. 인간과 자연의 공존 가능성 – 절망 속의 희망: 『바람계곡의 나우시카』

1984년에 발표한 『바람계곡의 나우시카』는 환경생태 문제를 본격적으로 다룸으로써 큰 주목을 받았다. 본격적인 생태문학이 1980년대에 이르러서야 비로소 태동한 것에 비추어보면 비록 애니메이션이지만 영화계에서 비슷한 시기에 생태문제를 깊이 천착한 작품이 나왔다는 점은 매우 흥미롭다. 이 주제에 대한 미야자키 하야오의 관심은 1976년에 26부작 TV시리즈로 방영된 <미래소년 코난>으로까지 거슬러 올라간다는 점을 감안할 때 그는 영화계에서 일찍이 생태문제에 주목한 선구자에 속한다 할 수 있다. 『미래소년 코난』은 강력한 전자 병기가 세계의 절반을 일순간에 소멸시킨 2008년을 배경으로 하고 있다. 3차 대전으로 파괴된 미래의 세계에서 과학문명을 앞세워 구세계를 부활시키려는 요새도시 인더스트리아와 자연도시 하이하바를 대립시킨 『미래소년 코난』에서 그는 이미 기술문명의 폐해에 주목한 바 있다. 하지만 생태문제에 대한 본격적인 천착은 『바람계곡의 나우시카』에서 비로소 이루어진다. 이 영화의 배경 역시 인간이 만든 '거신병(巨神兵)'이라는 불을 뿜는 무기로 인해 세계가 불타버리고 난 후 오랜 시간이 경과한 세계이다. 『바람계곡의 나우시카』는 이미 기획단계에서 생태주의를 전면에 내세웠다. 이 영화의 프로듀서를 맡은 타카하타 이사

오는 그가 작성한 「극장용 애니메이션 바람계곡의 나우시카 내용과 스토리에 대한 정리」에서 "생태학적인 테마를 정면에 내세운 현대성, 환경오염, 자연파괴, 에너지 소비 등 현대사회의 심각한 문제와의 정면 대응이라는 화제성의 풍부함(관객층의 확대)"(키리도시, 2002:26)을 강조하고 있는데 이미 영화의 기획단계에서 생태학적 테마를 중심에 두었음을 알 수 있다.

『바람계곡의 나우시카』 개봉 10주년이 된 1993년에 가진 인터뷰에서 미야자키 하야오는 "당대를 반영하지 않는 예술작품이란 없습니다. 『바람계곡의 나우시카』는 70년대에 등장한 환경론적 세계관이 반영된 작품입니다."(매카시, 2004:62)라며 이 점을 다시 한 번 강조하고 있다. 영화가 개봉되어 큰 관심을 끈 후인 1985년에 『에코토피아』의 저자인 칼렌바크와의 대담에서 미야지키 하야오는 미나마타 항에서 발생한 수은 오염사건이 『바람계곡의 나우시카』를 만들게 된 하나의 계기였다고 말했다. 1956년 일본의 구마모토현 미나마타시에서 메틸수은이 포함된 조개 및 어류를 먹은 주민들에게서 집단적으로 신경 중추 계열의 마비를 가져오는 병이 발생하면서 사회적으로 큰 문제가 되었는데 이것이 미나마타사건이다. 문제의 메틸수은은 인근의 질소비료공장에서 바다에 방류한 것으로 밝혀졌고, 2001년까지 공식적으로 2,265명의 환자가 확인되었으며 314명이 희생되었다. 이 지역의 오염은 일본의 다른 어느 지역보다 심해서 물고기를 먹을 수 없을 정도였다고 한다. 미야자키는 이 인터뷰에서 "결국 사람들은 고기잡이를 중단했고, 수년 뒤에는 죽어버린 거대한 물고기 떼가 항구에 쌓이게 되었으며," 그는 "이 뉴스를 듣고 등골이 오싹했다"고 말했다. 그러나 다른 한편 그는 "자연이 강인한 복원력으로 인간이 만들어낸 독성을 빨아들여 자연 생태계를 유지하고 있다는 것을 느꼈다"(매카시, 2004:64)고 밝혔다. 이러한 배경하에서『바람계곡의 나우시카』가 기획되고 애니메이션으로 만들어진 것이다.

『바람계곡의 나우시카』가 제기하는 핵심 주제는 인간과 자연의 관계를 어떻게 재정립하고 나아가서 어떻게 하면 평화롭게 공존할 수 있을 것인가이다. 이 주제는 이후 미야자키 하야오의 거의 모든 작품에 계속해서 변주되어 나타날 정도로 그의 주 관심사 중의 하나이기도 하다.『바람계곡의 나우시카』의 배경은 인간의 기술문명이 자연을 파괴하여 생태계가 붕괴된 후 1000년이 지난 미래 세계이다. 기술 산업문명을 극도로 발전시킨 인간들은 '거신병'이라는 불을 뿜어대는 가공할 무기를 개발하여 '불의 7일간'이라는 세계대전을 벌인 끝에 몰락하고 말았다. 그 전쟁의 결과 자연은 파괴되고 오염되어 거대 곤충인 오무(王蟲)와 독을 뿜는 식물로 가득한 '부해(腐海)'로 바뀌어 버렸다. 부해의 식물들이 내뿜는 독기를 마시면 5분 안에 폐가 썩기 때문에 인간들은 방독면 없이는 부해에 접근할 수 없다.[11] 부해 언저리에 자리 잡

11) 이 영화가 나온 1980년대 초반은 미국과 소련의 경쟁적인 핵무기 개발로

고 있는 바람계곡은 다행히도 바다에서 불어오는 바람 덕택에 부해의 독기로부터 보호받고 있다. 나우시카는 이 바람계곡 나라의 공주이다. 바람계곡은 말 그대로 바람이 많이 불어서 그 속에 사는 인간들은 풍력을 이용하여 에너지를 얻고 풍차로 지하수를 퍼올려 식수로 사용하며 논밭에 공급한다. 인구 또한 500명 정도로 평화로운 농업공동체를 이루고 있다. 그런 의미에서 바람계곡은 일정 부분 생태사회의 요소를 포함하고 있다. 적어도 에너지 사용에 있어서는 생태계의 파괴를 가져온 이전 세계의 에너지 과소비 기술을 답습하지 않는다는 점에서 생태적이다. 그리고 기술 산업사회가 아니라 농경사회인 점, 서로서로 도우며 평화롭게 살고 있다는 점에서도 생태공동체적 특징을 지닌다. 하지만 이들도 끊임없이 세력범위를 넓혀가는 부해의 위협에 직면해 있으며 부해에 맞서 대항하고 있기에 자연과의 평화로운 공존을 이루지 못하고 있다. 그런 점에서 바람계곡은 완전한 생태사회가 아니라 기술친화적인 근대 이전의 사회이다. 나우시카는 바람계곡의 공주이지만 부해를 즐겨 찾는다. 바로 이점, 즉 인간의 세계와 자연의 세계를 넘나들며 둘 사이의 공존

세계 3차 대전이 발발할지도 모른다는 우려가 매우 강한 시점이었다. 신냉전이라 불리우는 이 시기에 미국과 소련은 서독과 동독에 장거리 핵탄두 미사일을 전진 배치하여 일촉즉발의 위기감을 불러일으켰으며 이에 맞서 동서독과 유럽의 지식인들이 강력한 평화운동을 벌이기도 하였다. 이런 정황을 볼 때 불을 뿜는 무기로 세상이 하루아침에 몰락했다는 설명은 그것이 핵무기임을 간접적으로 말해준다.

을 모색하는 인물이 영화의 주인공이라는 사실은 이 영화의 궁극적 목표가 자연과 인간 사이의 화해와 공존임을 말해준다. 나우시카는 여전히 적대적 관계 또는 대립적 관계를 지속하고 있는 자연과 인간 사이를 연결하고 화해시키는 중재자의 역할을 담당한다.

영화는 인간과 자연이 공존하지 못하고 있는 상태를 기본 전제로 하여 시작한다. 인간이 자연에 엄청난 파괴를 입혔고, 그 결과 자연은 인간에게 부해의 독을 내뿜어 살 수 없게 만드는 복수를 가하고 있는 상태가 영화의 전제이다. 영화 도입부에서 부해의 공격을 받아 폐허가 된 마을에 들어선 나우시카의 스승이자 떠돌이 검객인 유파가 "마을이 또 하나 죽었군"이라며 음울히 말하는 대사가 말해주듯 부해는 점점 더 범위를 넓혀가고 있다. 인간들은 이러한 부해의 위협에서 벗어나기 위해 부해를 없애려 한다. 인간과 자연의 상시적인 전쟁 상태가 벌어지고 있는 것이다. 이러한 대립 상황은 평화롭던 바람계곡에 불시착한 비행선과 그 속에서 나온 거신병의 잔해 그리고 이를 찾기 위해 찾아온 투르메키아의 군대에 의해 더욱 가속화된다.

투르메키아는 바람계곡보다 훨씬 문명화된 거대 국가로 거신병을 부활시켜 부해를 태워버리고 기술문명을 통해 세계지배를 꿈꾸는 과거회귀적 세계관을 갖고 있다. 이들은 자연을 정복의 대상으로 보는 전형적인 근대적 자연관을 지니고 있으며 철저히 인간중심적이다. 전쟁과 기술문명 때문에 인간사회는 물론 자연 생태계까지도 위기에 처했지만 이들은 여전히 기술을 통해 세계와 자연을 지배하려는 생각을 버리지 않고 있다. 그 전형적인 예가 거신병을 부활시키려는 시도이다. 이미 한 차례 전세계를 파멸로 이끈 거신병을 다시 부활시켜 세계를 지배하고 자연의 적대적 힘을 무력화시키겠다는 꿈을 꾸는 것은 "생존이라는 미명아래 또 다시 죽음의 사신을 부활시키려 하는 것"(이나바, 1999:19)에 다름 아니다. 투르메키아의 공주이자 바람계곡을 공격한 군대의 지휘자인 크샤나가 "부해를 태워버리고 다시 대지를 소생시키"겠다고 말하는 것처럼 이들은 부해를 척결해야 할 대상 또는 싸워 이겨야 할 대상으로 본다. 이렇게 되면 문제는 다시 원점으로 되돌아간다. 인간과 자연의 대립을 통해서는 인간에 의한 자연파괴와 그에 뒤따르는 자연의 복수가 악순환처럼 끝없이 이어질 뿐이기 때문이다. 바람계곡의 정신적 지도자인 눈먼 노파가 말하듯 인간은 수 백 년 동안 부해를 태워버리려고 시도했지만 그럴 때마다 분노한 오무떼들이 인간세계를 공격해 폐허가 되었기 때문이다.

미야자키 하야오가 26년 전에 경고한 이러한 악순환은 오늘날에도 계속되고 있으며 오히려 더 심각해졌다. 기술문명이 야기한 지구온난화로 지구촌 곳곳에서 벌어지고 있는 이상기후와 거대한 자연재난은 결국 인간의 문명이 생태계를 교란시킨 것에 대한 자연의 복수인 것이다. 2004년에 동남아시아를 덮쳤던 쓰나미나 2005년에 미국 뉴올리언즈를

쑥대밭으로 만든 허리케인 카트리나 모두 인간이 자연에 가한 파괴의 결과가 부메랑이 되어 다시 인간에게 되돌아 온 것이다. 지구온난화는 특히 북극과 남극 대륙의 빙하를 녹게 만들어 지구생태계 전체에 엄청난 대재앙을 불러일으킬 씨앗이다. 이러한 위험에서 벗어나기 위해서는 새로운 기술을 개발하여 자연파괴를 억제하는 방식이 아니라 인간의 생활방식을 근본적으로 바꾸는 패러다임의 변화가 필요하다. 이러한 입장을 근본생태학이 견지하고 있는데『바람계곡의 나우시카』는 바로 이 문제, 즉 인간과 자연이 서로에게 복수를 가하는 악순환에서 어떻게 벗어날 것인가를 성찰하고 있다.

영화에는 자연을 대하는 세 가지 인간의 태도가 제시되고 있다. 첫째는 투르메키아인들의 태도이다. 앞서 살펴본 것처럼 이들은 자연, 즉 부해를 오로지 파괴해야 할 대상으로 바라본다. 이점에 있어서는 투르메키아와 적대적 관계에 있는 페지테족도 마찬가지이다. 자신의 나라를 파괴한 투르메키아를 물리치기 위해 이들은 부해를 지키는 거대한 곤충 오무(王蟲)를 이용한다. 이들이 오무의 유충을 생포하여 바람계곡에 있는 투르메키아 군에게 데려감으로써 분노한 거대한 오무 무리들이 이들을 공격하여 초토화시키게 만들려는 것이다. 페지테족에게도 자연은 이용하거나 맞서 싸워야 할 대상이다.

두 번째 유형은 바람계곡 사람들의 자연에 대한 태도이다. 이들은 바람을 이용하는 것처럼 자연에 맞서지 않고 자연의 힘에 순응하고 있지만 독성을 품은 부해로부터 스스로를 철저하게 격리시킨다. 바람계곡의 왕마저 부해의 독성에 오랜 시간 노출된 결과 죽어가고 있는 형편이니 부해를 두려워하는 것은 당연한 일이다. 따라서 이들은 부해의 확장을 두려워하며 그곳으로부터 가능하면 멀리 떨어져 있으려 한다. 그리고 부해에서 나온 균의 포자가 조금이라도 침입하면 그걸 바로 없애버린다. 투르메키아의 비행선이 불시착하면서 비행선에 묻어온 포자가 바람계곡의 나무에 옮겨 붙자 숲을 온통 불태움으로써 바람계곡을 지키려하는 태도에서 보이듯 이들은 파괴된 자연과는 공존할 수 없다는 기본적인 태도를 갖고 있다. 이는 나우시카가 어렸을 때 오무의 유충을 발견하고 그것을 숨기려 하자 아버지가 빼앗아 없애버린 사건과도 일맥상통한다. 나우시카의 아버지가 "곤충과 인간은 같은 세계에서 살 수 없단다"라며 오무의 유충을 제거한 것처럼 이들에게는 부해나 오무는 함께 살 수 없는 존재이다. 다만 이들은 적극적으로 부해를 없애버리거나 그에 맞서 싸우기 보다는 가능하면 부해와의 접촉을 피함으로써 생존을 도모한다. 이러한 태도, 즉 오염된 자연과 가능하면 접촉하지 않고 떨어져 살아가려는 태도는 결코 자연과의 화해나 공존을 가능케 할 수 없다. 이러한 태도는 한 발짝 더 나아가면 부해에 의해 폐허가 되거나 부해를 없애버리기 위해 적극적으로 나서는 태도로 바로 전환할 수 있기 때문이다.

세 번째 태도는 나우시카의 자연관을 통해 드러난다. 나우시카는 독성을 내뿜는 부해나 거대한 분노로 인간의 마을을 휩쓸어 버리는 오무를 적대적으로 대하지 않는다. 나우시카는 오히려 인간과 부해가 어떻게 함께 공존할 수 있을까를 고민한다. 그녀가 부해를 부지런히 드나들며 식물의 포자를 채집하여 성의 지하실에서 키우거나 위험을 무릅쓰고 분노한 오무를 진정시키려 노력하는 것도 궁극적으로는 인간과 자연의 공생을 실현시키기 위함이다. 『바람계곡의 나우시카』는 바로 이 세 번째 자연관을 긍정적으로 묘사하며 이를 통해 인간과 자연의 공존가능성을 모색한다. 이는 "자연을 보살피고 인간을 보살피는 새로운 윤리를 추구하면서, 새로운 사회적 전망과 윤리에 부합하는 변화를 일으킬 수 있는 힘"(머천트, 2001:21)을 찾으려 하는 근본생태론의 입장과 일치한다. 새로운 힘은 "개인과 지구의 총체적인 어울림을 의미"하며 "생물권에 대한 인간의 권력행사에 대하여, 겸손과 겸양, 진화에 대한 경외심을 우선시"(머천트, 2001:127) 하는 입장에서 나온다. 자연은 기본적으로 조화와 공존을 바탕으로 한 세계라는 인식, 비록 자연에 의한 살생이 이루어지더라도 그것은 자연의 조화와 공생을 위한 것이라는 생각, 이러한 생태의식을 바탕으로 나우시카는 자연을 바라본다. 머레이 북친이 "생태적 감수성이란 경쟁보다는 상보성(相補性)이란 관점에서 '타자'를 바라보도록 한다"고 했는데 이러한 생태적 감수성을 나우시카는 가지고 있다.(문순홍, 1999:126)

영화의 도입부에서 떠돌이 검사 유파가 오무에게 쫓기는 장면이 나온다. 그는 부해를 지나다가 여우다람쥐를 구하려고 총을 발사하여 오무의 분노를 사서 쫓기게 된 것이다. 부해에 들렀다가 이를 본 나우시카가 오무에게 피리를 불어줌으로써 분노를 가라앉히고 다시 숲으로 돌아가게 만들어 유파를 구한다. 도입부의 이 장면은 나우시카가 부해나 오무를 어떤 존재로 보는지 분명히 말해준다. 나우시카에게 부해나 오무는 인간을 위협하는 존재임에도 불구하고 결코 척결하거나 없애버려야 할 대상이 아니라 다가가서 소통해야 할 존재이다. 바로 이 지점에서 나우시카가 추구하는 인간과 자연의 공존 가능성이 시작된다. 인간과 자연 사이의 적대관계를 끝낼 해법이란 결국 인간이 찾는 수밖에 없다. 나우시카는 독성을 내뿜는 부해를 포기하지 않고 거기에서 해결 방법을 찾으려 노력한다. 그녀는 바람계곡 성의 지하실에서 부해에서 수집해온 식물들을 키우는데 깨끗한 물과 토양에서 자란 식물들은 독성을 내뿜지 않고 인간에게 해를 끼치지도 않는다. 이를 통해 나우시카는 독성 식물로 가득찬 부해가 독의 근원이 아니라 인간이 토양과 물을 오염시킴으로써 독성 식물을 만든 것임을 깨닫는다. 이 깨달음은 나우시카가 투르메키아 비행정을 타고 인질로 잡혀 가다가 페지테족의 왕자 아스벨의 공격을 받아 부해에 불시착한 후 경험하는 사건에서 다시 한 번 확인된다. 숲속 곤충들에게 쫓기는 아스벨을 구하는 과정에서 나우시카는 그와 함께 모래늪으로 추락하여 부해의 지하에 빠지게 된다. 놀랍게도 그곳의 공기와 물은 오염되지 않고 신선하다. 인간이 오염시킨 화학물질을 나무들이 정화시켜 지하세계를 깨끗한 공간으로 만들어 놓은 것이다. 강한 독성을 내뿜는 부해 한가운데에 있는 나무들이 독성을 빨아들여 정화시키는 역할을 하고 있다. 결국 부해란 인간에 의해 오염된 자연을 자연 스스로가 정화시키는 과정에서 만들어진 결과물이다. "독성화한 숲이 공기와 물을 오염시키는 것이 아니라 정화시키는 것"(매카시, 2004:83)을 나우시카는 확인한다. 영화의 초반부에 나우시카가 부해 숲에서 식물들의 포자가 마치 눈처럼 쏟아지는 것을 바라보며 "아름답다, 마스크를 안 쓰면 5분 내에 폐가 썩어버리는 죽음의 숲인데도"라며 부해의 알 수 없는 이중성을 암시한 바 있는데 바로 이 장면에서 부해의 두 가지 성격, 즉 죽음과 소생의 양면성이 확인된 것이다.

이제 다음 단계는 겉으로는 위협적이지만 궁극적으로는 치유의 힘을 품고 있는 오염된 자연과 어떻게 공생할 것인가를 모색하는 일이다. 나우시카가 제시하는 해법은 소통과 사랑이다. 인간과 인간의 소통, 인간과 자연의 소통, 인간과 곤충의 소통이 『바람계곡의 나우시카』가 제시하는 새로운 해법이다. 소통의 바탕은 감정이입에서 시작된다. 아르네 네스가 심층생태주의를 말하며 "우리 인간들이 다른 생명체들과 맺는 긴밀한 동반 관계에서 얻게 되는 깊은 만족과 즐거움"(문순홍, 1999:69)을 강조한 것처럼 이 영화는 다른 생물체와의 감정이입을 중요하게 여긴다. 지금까지 적대적으로 대했던 대상을 맞서 싸워야 할 존재가 아니라 품어 안아야 할 소통의 대상으로 바라볼 때 비로소 새로운 관계가 형성된다. 이는 네스와 세션이 1984년에 제시한 근본생태론의 8개 원칙 중 제1항 "지구상에 있는 인간과 인간 이외의 생명의 건강과 번영은 그 자체로 내재적 가치를 지닌다. 이 가치는 인간 이외의 세계가 인간의 목적에 유용한가 아닌가 하는 것과는 별개의 것이다."는 주장과 일맥상통한다.(Devall, Sessions, 1985:70) 팀 룩이 말하듯 "자연 그 자체와 다른 자연 주체들을 수단이 아니라 궁극적인 목적으로 다루"는(문순홍, 1999:91) 근본생태론의 입장은 자연의 생명체를 "도덕적인 책임성이란 윤리와 선한 양심을 가지고 다루"는 것이며 이를 통해 "잠재적이나마 새로운 도덕 체계가 시작할 수 있는 출발점"(문순홍, 1999:91)이 생겨날 수 있다.

악한 존재에 대한 투쟁이 아니라 그들이 왜 악하게 되었는가에 대한 성찰과 반성 그리고 따뜻한 마음으로 다가가는 것이 『바람계곡의 나우시카』가 제시하는 새로운 패러다임이다. 나우시카는 이러한 새로운 패러다임을 대변하는 인물로 등장한다. 이는 영화 초반에 나우시카와 여우다람쥐가 만나는 장면에서 상징적으로 드러난다. 분노한 오무를 진정시켜 유파를 구한 후 나우시카는 유파가 숲에서 구해 데려온 여우다람쥐를 보게 된다. 경계심을 드러내는 여우다람쥐에게 그녀가 친근하게 다가가며 손을 내밀자 여우다람쥐는 나우시카의 손가락을 깨문다. 나우시카는 손가락을 빼거나 다람쥐를 내치지 않고 손가락을 물린 채 "무서워 말아"라며 여우다람쥐를 안심시킨다. 몇 번을 안심시키자 여우다람쥐는 비로소 물었던 손가락을 놓고 상처의 피를 혀로 핥는다. 결국 두 존재 사이의 소통이 이루어지고 공생관계가 이룩된 것이다. 이후 나우시카는 여우다람쥐에게 테토라는 이름을 붙여주고 늘 함께 데리고 다닌다. 나우시카의 이러한 태도는 부해와 부해를 지키는 곤충들뿐만 아니라 바람계곡을 공격하는 인간들에게도 마찬가지로 구현된다. 바람계곡을 공격해 아버지를 죽이고 자신을 투르메키아로 데려가는 투르메키아 군의 지휘관 크샤나가 탄 비행정이 페지테의 왕자 이사벨의 공격으로 추락할 위험에 처하자 나우시카는 그녀를 자신의 소형 비행정에 태워 함께 구해준다. 이처럼 죽임을 죽임으로 갚지 않고 소통으로 해결하려는 태도는 복수와 죽음의 악순환을 끊는 중요한 고리가 된다.

여우다람쥐와의 소통과정에서 보이듯 낯설거나 적대적인 존재와 소통을 이루기 위해서는 자신을 던지는 희생이 필요하다. 『바람계곡의 나우시카』가 제시하는 생태문제 해결의 궁극적 해법은 사랑에 기초한 자기희생이다. 자신을 던지는 희생 없이는 심각한 단계로 발전한 자연과의 적대적 관계를 되돌릴 수 없기 때문이다. 영화는 따라서 주인공 나우시카가 자신을 던져 자연의 거대한 복수를 막는 마지막 부분에서 정점을 이룬다. 투르메키아 군에 의해 공격을 받고 이어서 오무떼의 공격으로 폐허가 된 페지테족의 생존자들이 바람계곡에 주둔해 있는 투르메키아 군대를 초토화시키기 위해 오무떼를 이용하려 한다. 이들은 오무의 유충을 사로잡아 줄에 매달고 비행기구를 이용하여 바람계곡으로 향한다. 부상당한 유충의 신음소리를 듣고 분노한 오무떼가 거대한 군집을 이루어 부해를 나와 바람계곡 쪽으로 몰려온다. 나우시카는 우선 페지테 군사들로부터 유충을 구해낸 다음 유충과 함께 바람계곡의 벌판으로 이동한다. 거기에서 그녀는 무서운 기세로 달려오고 있는 오무떼와 정면으로 맞선다. 나우시카의 행동은 그러나 오무떼와 싸우거나 이들을 물리치기 위한 것이 아니라 오무떼를 온몸으로 설득하여 분노를 잠재우려는 희생정신의 발로이다. 유충을 무사히 구해왔으니 이를 보고 인간들이 오무에게 해를 끼칠 생각이 없음을 알아달라는 호소를 나우시카는 분노해서 밀물처럼 돌진하는 거대한 오무의 무리들 앞에 혈혈단신으로 서있는 것으로 표현한다. 엄청난 숫자의 오무떼가 무서운 속도로 달려오는 대열을 마주보고 선 나우시카의 모습은 파괴된 자연이 우리에게 가하는 대재앙 앞에 서있는 오늘날의 우리 인간의 모습과 닮아있다. 일촉즉발의 이 상황을 나우시카는 자신의 목숨을 걸고 온몸으로 막아보려는 것이다. 분노한 오무떼는 처음에는 무사한 유충을 아랑곳하지 않고 돌진하여 나우시카를 공중에 날려버린다. 하지만 곧이어 이들은 행진을 멈추고 공중으로 튀어올라간 나우시카를 수많은 촉수로 받아 생명을 구해준다. 오무떼는 분노를 멈추고 숲으로 방향을 틀고 나우시카는 바람계곡으로 귀향한다. 오무떼의 황금빛 촉수에 싸인 나우시카는 푸른 옷을 입고 있는데 이를 통해 바람계곡의 전설, 즉 "푸른 옷을 입은 이가 황금 들판에 내려서서 인간들을 푸른 청정의 땅"으로 인도할 것이라는 전설이 이루어지고 있음을 알리며 영화는 끝난다. 마침내 자기 고립적인 소아가 감정이입과 사랑을 통해 자연의 대자아를 체험하게 된 것이다. 영화는 나우시카를 푸른 청정의 땅으로 인도할 메시아, 즉 "살아남은 전 인류, 아니, 전 생물의 구세주"(시미즈, 2004:234)처럼 그림으로써 그녀를 영웅으로 만든다. 그러나 이 영웅은 지금까지의 남성 영웅과는 다르다. 남성이 만들어 놓은 거대산업문명과 그로 인해 파괴된 자연과 인간을 남성과는 다른 방식으로 즉, 공감과 사랑의 행위로 되살리는 역할이 여성에게 주어진 것이다.[12] 실제로 미야자키 하야오는 홍콩 잡지와의 인터뷰에서 "나우시카는 적을 물리치는 주인공이 아니라 상대방을 이해하고 받아들이는 역할입니다. 그녀는 우리와는 다른 시각으로 세상을 바라봅니다. 그런 종류의 캐릭터라면 남성보다는 여성이 적합하다고 생각합니다."(매카시, 2004:73)라고 말함으로써 의도적 인물 설정이었음을 밝힌 바 있다.

12) 『바람계곡의 나우시카』뿐만 아니라 미야자키 하야오의 많은 작품에 여성 주인공이 등장하며 중요한 비중을 차지하는 인물들이 대부분 여성이기도 하다. 그런 점에서 그의 영화를 생태여성주의 관점에서 분석할 수 있을 것이다.

그런데 『바람계곡의 나우시카』의 결말이 해피엔딩과 구세주 신화로 끝나면서 현실감을 상실한 것도 사실이다. 시미즈 미사시가 비판하듯 거대 곤충인 오무와 대화하며 그들의 분노마저 가라앉히는 나우시카와 오무의 "사랑의 관계는 황당무계하며 허구"에 지나지 않을 수 있기 때문이다. 또한 "현실세계의 어디에도 나우시카는 존재하지 않기"에 동화의 세계로 빠져든 것처럼 보이기도 한다.(시미즈, 2004:234) 그렇지만 『바람계곡의 나우시카』는 인간과 자연이 어떤 관계로 나아가야 할 것인가에 대한 성찰과 방향제시를 담고 있다는 점에서 여전히 우리에게 생각할 거리를 던져주고 있다.

2. 인간과 자연의 공존 가능성 – 절망과 희망: 『원령공주』

미야자키 하야오가 『바람계곡의 나우시카』에서 보여준 자연관은 근본생태론적 특징을 지닌다. "자연을 지배하고자 하는 인간의 욕망 또는 인간을 자연과 분리시켜 자연을 통제하려는 인간 중심주의"(문순홍, 1999:85)를 비판하고 "모든 생물들이 생존하고 번성할 동등한 권리가 있다는" 생물평등주의가 그의 영화의 바탕을 이루었다. 하지만 다음에 발표한 『천공의 성 라퓨타』나 『이웃집 토토로』, 『마녀 배달부 키키』, 『붉은 돼지』를 거치며 인간의 기술과 기계에 대한 그의 입장은 일정 부분 긍정적으로 바뀌었다. 최근의 작품 『하울의 움직이는 성』에도 인간과 기계의 공존 또는 비행체에 대한 동경이 드러나고 있다. 이같은 입장 변화는 그러나 미야자키 하야오의 기본적인 입장, 즉 "생명에 대한 존엄과 자연에 대한 사랑"(황의웅, 1997:129)을 강조하는 근본생태론적 입장 자체를 바꾼 것은 아니다. 다만 좀 더 부드러운 기술에 대한 그의 꿈이 발현된 것이라 볼 수 있다. 이는『바람계곡의 나우시카』보다 14년 뒤인 1997년에 개봉되어 1300만명의 관객을 동원하며 그때까지의 최고 흥행기록을 세운『원령공주』에서 다시 한 번 확인된다. 이 작품은『바람계곡의 나우시카』가 제기한 인간과 자연의 공생 가능성을 역사적 관점에서 성찰하고 있다.『바람계곡의 나우시카』가 세계대전으로 세상이 몰락하고 난 후 천 년이 흐른 뒤의 미래 세계를 배경으로 삼고 있는 반면,『원령공주』는 작품의 배경을 아득한 옛날로 가져간다. 인간과 자연이 과연 공존할 수 있을까라는 질문을 미야자키 하야오는 인간이 언제부터 자연을 파괴하기 시작하였으며 그에 대한 자연의 복수는 어떤 방식으로 이루어졌는가, 인간의 기술과 문명은 자연을 파괴할 수밖에 없는가 하는 질문을 통해 제기한다. 그 시점을 그는 일본의 무로마치 시대로 설정한다. 1392년부터 1573년까지 이어진 무로마치 시대는 인간과 자연이 평화롭게 공존하고, 인간이 자연을 경외하고 자연에 깃든 신들을 숭배하던 시대가 종막을 고하고, "산이나 숲은 신이 사는 성지라는 믿음이 붕괴되기 시작"(키리도시, 2002:93)한 시대이다. 일본인들은 당시 "원시림의 거대한 토지를 개간하고 전보다 많은 곳에서 철을 생산한다. 바로 이때부터 그들은 인간과 주변 환경의 관계를 새롭게 정의하게 된" 것이다.(매카시, 2004:214) 『원령공주』에서 미야자키 하야오는 그 시점으로 돌아가 과연 인간과 자연은 함께 살아갈 수 있는가라는 질문을 던진다.

『원령공주』에는 『바람계곡의 나우시카』와 그 이후 작품에서 다루어진 주제들, "자연의 힘, 거대한 압제자와 맞서 싸우는 약자들의 투쟁, 유토피아를 찾아 떠나는 여행, 사랑의 가치"(매카시, 2004:213)가 다시금 변주되며 표현된다. 이 영화는 북쪽에 은둔하여 살고 있는 에미시족의 전사 아시타카가 마을로 돌진해 오는 괴물을 활로 쏘아 죽이는 것으로 시작한다. 그 괴물은 인간이 쏜 철 탄환이 몸에 박혀 재앙신이 된 멧돼지로서 아시타카는 재앙신을 죽이는 과정에서 저주를 받아 팔에 흉터가 생긴다. 아시타카는 마을 무녀의 충고대로 그 저주를 풀기 위해 서쪽으로 길을 떠난다. 그는 위대한 숲의 신령인 시시가미가 사는 숲에 도착하지만 그곳에서는 인간과 숲의 신령들 간의 치열한 싸움이 벌어지고 있다. 나무를 베고 땅을 파 철광석을 캐내어 철을 만드는 타타라바 마을사람들과 자신들이 살아왔던 터전을 위협하는 인간을 내쫓으려는 늑대신, 멧돼지신 그리고 성성이들이 대립하고 있다. 시시가미의 숲은 신들과 정령으로 가득 차 있다. 거대한 늑대나 멧돼지는 몇 백년간을 숲을 지키며 살아 온 신들로 존재한다. 늑대신 모로와 그 자식들의 무리에는 특이

하게도 모로가 주워다 키운 인간의 아이 산이 속해있다. 여기에 황제의 명령에 따라 영생을 가져다준다는 시시가미의 머리를 노리는 승려 지코가 끼어들고 타타라바 마을의 여성 지도자인 에보시가 그를 도와 시시가미를 총으로 쏘아 죽인다. 머리를 잃은 시시가미가 숲을 온통 폐허로 만들자 아시타카와 산은 힘을 합하여 시시가미의 머리를 지코로부터 찾아내 다시 시시가미에게 돌려준다. 그러자 폐허가 되었던 자연은 다시금 생명을 되찾는다. 아시타카는 산에게 함께 살자고 하지만 산은 그 제안을 거절하고 숲으로 들어가는 것으로 영화는 끝난다.

이 작품의 원제는『모노노케 히메』로 '도깨비공주', '원령공주'로 번역되는데 늑대신 모로가 키운 소녀 산을 지칭한다. 산은 인간이지만 자연의 편에 서있다. 남자 주인공 아시타카도 산과 대립하면서 동시에 비슷한 위치에 있다. 그는 북쪽의 먼 마을에서 온 이방인으로 숲의 신령이나 그들과 대립하고 있는 타타라바 마을 사람들 그 어디에도 속하지 않는 중간자적 위치에 있다. 그렇기에 산과 아시타카 두 사람은 자연과 인간 사이의 적대적인 대립관계를 풀 수 있는 가능성을 지닌 인물이다. 아시타카가 산 쪽으로 산이 아시타카 쪽으로 조금만 이동해 오면 서로 만날 수 있기 때문이다. 실제로 영화는 서로 대치되는 지점에 선 두 사람이 갈등과 대립을 넘어 점점 가까워지는 과정을 보여준다. 이 과정을 설명하기 전에 우선『원령공주』의 바탕을 이루는 인간과 자연의 대립 양상을 살펴 볼 필요가 있다. 인간과 자연의 대립은 타타라바 마을사람들과 숲의 신령들 간의 대립으로 나타난다. 타타라바 마을의 존립근거는 철의 생산이다. 자연 속에 요새를 구축하여 용광로에서 철을 생산하는 제철소를 운영한다. 이들은 자신들의 생존 근거인 철을 생산하기 위해 나무를 베어내고 땅을 파헤친다. 주변 숲에서 살던 성성이들은 자신들의 생활 터전을 잃고 쫓겨났지만 밤이면 돌아와 인간에게 저주를 퍼부으며 나무를 심고 인간들은 이들을 향해 총을 쏘아 쫓아낸다. 타타라바 마을의 우두머리 에보시는 늑대신 모로와 그의 자식들마저 죽이거나 깊은 숲속으로 쫓아버리고 더 많은 땅을 개간하려 한다. 아시타카에게 저주의 흉터를 남긴 재앙신은 이 숲에 살다가 에보시의 총에 맞은 멧돼지신으로 밝혀진다. 이들은 태고 적부터 살아오던 자신들의 터전을 송두리째 잃을 위험에 처해 있다. 영화 중반에 등장하는 다른 산에서 온 멧돼지 신들의 우두머리 격인 오코토노시 영주의 나이는 500살이다. 그렇듯 오랜 시간 동안 자연 속에서 자연을 지키며 살아온 자연의 신들이 이제 인간의 기술로 인해 생존의 기로에 서게 된 것이다. 성성이나 늑대신, 멧돼지신들이 인간에게 적대적인 것은 당연하다. 인간 역시 이들의 공격에서 살아남기 위해 총으로 무장하고 이들에 맞서 싸운다. 인간과 자연의 대립은 비단 타타라바 마을 주변에서만 벌어지고 있는 것은 아니다. 오코토노시와 함께 전국 각지에서 몰려든 멧돼지 신들의 한탄처럼 도처에서 인간들이 자연을 파괴하고 있음을 알 수 있다. 인간과 최후의 결전을 벌이기 위해 시시가미 숲으로 모여든 멧돼지 신들은 인간을 향해 돌진한다. 인간을 향해 달려드는 멧돼지 떼는 결국 인간의 총과 화약의 힘 앞에 전멸하고 만다. 인간의 기술이 절대적 우위를 점하게 되는 이 싸움에 산은 오코토누시의 길 안내자로 참가하는데 오코토누시 역시 커다란 부상을 입고 재앙신으로 변해버린다.

미야자키 하야오는 자연과 인간의 적대적 대립 그리고 숲의 신령들이 인간의 기술에 무참히 패퇴하는 과정을 하나의 사건 또는 역사적 현실을 다루듯 그린다. 그는 어느 한 쪽에 일방적인 동정심을 두고 다른 한쪽을 악의 세력으로 비난하기 보다는 양쪽의 대립과 충돌을 거리를 갖고 역사기록자처럼 그리고 있다. 이러한 관점은 자연을 가공하며 살아가야 하는 인간은 기본적으로 자연을 파괴하는 존재일 수밖에 없는 존재인가 하는 존재론적 질문과 연결되어 있다.『원령공주』의 팜플렛에 수록된 미야자키 하야오의 인터뷰는 이러한 문제의식을 선명히 보여주고 있다.

> **인간이 조심스럽게 생활하고 있을 때는 자연과 공존할 수 있고 욕심을 내면 공존할 수 없다고 생각하는 것이 아니라, 조심스럽게 살고 있다는 것 자체가 자연을 파괴한다고 생각하면 어쩔 줄을 모르게 되죠. 어쩔 줄 모르는 상태까지 가서 거기서부터 생각지 않으면 환경문제나 자연문제는 해**

> **결이 안 된다고 생각했죠.** (키리도시, 2002:359)

인간의 삶이 자연을 파괴할 수밖에 없다면 어떻게 인간과 자연의 공존이 가능할까라는 것이 미야자키 하야오의 질문이다. 그는 이 질문을 좀 더 깊이 천착하기 위해 인간과 자연이 첨예한 대립을 시작한 역사적 시점으로 돌아간 것이다. 거기서 그는 인간의 존재 자체가 역설적임을 파악한다. 그렇기에 『원령공주』에서는 자연을 파괴하는 인간이 무조건적인 악으로 묘사되지 않는다. 철을 생산하기 위해 자연을 파괴하는 타타라바 마을 사람들을 미야자키 하야요는 이 세상에서 사라져야 할 악한 존재거나 인간의 오만을 대표하는 인물로 그리지 않는다. 타타라바 마을의 여성지도자 에보시는 늑대신과 싸움을 벌이고 시시가미를 죽이는 일도 거리낌없이 해내는 인물이지만 세상에서 버림받은 나병환자들을 거두고 팔려온 여성들을 마을로 데려다 가정을 꾸려준다. 여성들은 요새 내에서 철 만드는 작업에 주로 참여하고 남성들은 철을 내다 팔고 생필품을 구해오는 일을 한다. 그렇기에 마을에서 여성들은 주도적 위치에 있으며 아주 흥겹고 재미있게 노동을 한다. 타타라바 마을은 늑대나 멧돼지의 관점에서 보면 척결해야 할 대상이지만 인간의 관점에서 보면 따뜻한 생활공동체이다. 그렇기에 아시타카가 이 마을을 보고 매력을 느끼는 것도 당연하다. 자신에게 저주를 남긴 멧돼지를 쏜 이가 바로 에보시임을 알게 되지만 그녀를 원망하지는 않는다. 하지만 그들이 생존하기 위해서는 철을 생산해야 하고 그러기 위해서는 숲을 폐허로 만들고 더 나아가서 주변 환경 또한 오염시켜야 한다는 것이 그들 삶의 역설이다. 원석을 모래에 씻고 제련을 하는 과정에서 하천이 오염되고 흙탕물이 만들어져 그것이 아래 마을 논으로 흘러들어 쌀농사를 망치고 있음도 아래 마을 사람들의 말을 통해 드러난다.

이러한 상황에서 인간과 자연의 대립이 벌어지고 있기에 해결책이 나올 수가 없다. 서로가 서로를 죽이지 않으면 살 수 없는 상황이 되었기에 양측의 정면대결이 불가피하다. 더 나아가서 인간은 자연의 모든 힘을 대변하는 위대한 숲의 신령 시시가미를 무력화시키려 한다. 이것이 미야자키 하야오가 파악하는 인간과 자연의 어쩔 수 없는 대립관계이다. 이 풀 수 없는 대립관계는 그러나 문제 해결의 출발점이 된다. 그는 이 지점에서 출발하여 해결방안을 모색해야 한다고 생각하기 때문이다. 적대적 대립관계를 해결할 인물로 인간과 자연 양자 사이에 위치한 산과 아시타카가 제시된다. 두 사람의 만남과 가까워짐 그리고 헤어짐은 곧 인간과 자연의 공존 가능성에 대한 모색의 과정이 된다.

아시타카는 시시가미 숲을 지날 때 늑대아이인 산을 처음 만난다. 타타라바 사람들을 이끌고 산 아래 마을에서 식량을 구해오던 에보시 일행을 늑대신 모로 일행이 습격한다. 그 과정에서 타타라바 사람들 여럿이 계곡으로 떨어져 죽지만 모로 역시 에보시가 쏜 총에 맞는다. 시시가미 숲에서 피를 흘리는 모로의 상처를 산이 입으로 빨아내고 있을 때 아시타카와 처음 마주친다. 그때 아시타카는 모로의 공격을 받아 계곡으로 떨어진 타타라바 사람 두 명을 구출하여 함께 타타라바 마을로 가는 길이었다. 첫 만남은 두 사람이 각각 속해 있는 인간과 자연의 대립처럼 아무런 소통 없이 끝난다. 아시타카가 말을 걸자 산은 말없이 사라진다. 두 번째 만남은 모로를 쏜 에보시에게 복수하기 위해 그날 밤 산이 늑대형제들과 타타라바 마을을 습격하는 과정에서 이루어진다. 마을로 진입한 산은 마침내 에보시와 맞서게 되는데 두 사람 사이에 아시타카가 끼어들어 저주가 깃든 자신의 팔을 보여주면서 그것이 증오와 원한의 결과로 일어난 것이니 싸움을 멈추라 외친다. 그러나 두 사람이 말을 듣지 않자 칼등으로 쳐 두 사람을 잠시 기절시킨 후 산을 업고 성문을 나간다. 그 과정에서 아시타카는 에보시의 호위무사가 쏜 총에 가슴을 맞아 상처를 입는다. 상처입은 아시타카를 산은 시시가미 숲으로 데려가 치유해 준다. 산의 생명을 구해준 아시타카를 모로 일행도 받아들여 동굴에서 회복할 수 있도록 해준다. 아시타카는 숲 꼭대기에 있는 모로의 동굴에서 산에게 고향에서 기념으로 받아온 단검을 주며 인간과 신들의 싸움에서 어떤 일이 벌어지든 간에 자신은 언제까지나 산을 비난하지 않을 것이라 말한다.

　세 번째 만남은 재앙신으로 변한 오코토누시의 촉수에

결박된 산을 아시타카가 구해내면서 이루어진다. 시시가미가 나타나 오코토누시의 생명을 거두어 가고 데이다라봇치로 변신하려 할 때 에보시가 시시가미를 총으로 쏘아 머리를 떨어트린다. 시시가미의 머리를 나무통에 넣고 지코가 달아나는데 산은 분노하여 에보시를 죽이려 한다. 머리를 잃은 시시가미는 변신을 거듭하며 무서운 속도로 만물을 파괴한다. 아시타카는 산에게 신의 분노를 막을 수 있게 머리를 다시 돌려주는 일을 도와달라고 부탁한다. 산은 인간을 돕지 않겠다고 말하지만 아시타카는 당신도 역시 인간이라고 말하자 마음을 바꾸어 두 사람은 시시가미의 머리를 찾아 돌려준다. 그러자 시시가미는 파괴된 숲을 다시금 원래의 생명이 충만한 자연으로 돌려놓는다. 이 세 번째 만남을 통해 산과 아시타카는 대립의 관계를 넘어서서 마침내 공생과 협력의 관계로 들어선다. 두 사람의 협력은 자연과 인간 모두에게 닥친 재앙을 막아내고 세상에 생명을 되살리는 계기가 된다. 모든 일이 정리된 후 숲의 가장자리에서 두 사람은 네 번째 다시 만난다. 이 자리에서 두 사람은 서로의 사랑을 확인하고 아시타카는 산에게 함께 살자고 제안한다. 하지만 산은 여전히 인간세계가 싫다며 숲으로 돌아간다.

각각 인간의 세계와 자연의 세계에 속해 있던 두 사람이 마침내 가까워져서 서로를 사랑하는 단계에 이르고 서로 힘을 합쳐서 시시가미의 머리를 다시 찾아주었지만 두 사람은 끝내 한 세계에서 함께 살지 못한다. 아시타카가 재앙신에게서 얻은 저주의 상처 역시 치유되지 않고 그대로 남아있다. 아시타카는 자신의 고향으로 돌아가지 않고 타타라바 마을에 남는다. 그리고 산은 숲으로 돌아가는 것으로 영화는 끝난다. 그렇다면 인간과 자연은 가까워질 수는 있지만 결코 함께 살 수는 없다는 것일까? 아시타카의 상처가 치유되지 못한 것은 인간은 자연을 파괴한 데서 오는 상처를 영원히 안고 살아가야 할 존재라는 것일까? 두 사람이 헤어져 살되 가끔 서로 만날 수 있는 여지를 남겨놓은 이유는 무엇 때문일까? 이러한 열린 결말은 『바람계곡의 나우시카』와는 커다란 차이가 난다. 『바람계곡의 나우시카』에서는 인간과 자연의 공존 가능성이 낙관적으로 서술되었다. 나우시카의 영웅적 희생을 통해 푸르른 청정의 땅으로 갈 수 있다는 희망이 암시되며 영화가 끝난다. 하지만 14년이 지나 만들어진 『원령공주』에서는 이제 그런 희망은 보이지 않는다. 누군가의 희생을 통해 인간과 자연의 공생이 가능해질 것이라는 믿음 또한 약해진 것처럼 보인다. 그렇지만 『원령공주』에서도 희생이 구원이나 새로운 희망의 씨앗으로 중요한 역할을 하는 것을 알 수 있다. 아시타카가 자신에게 불행이 닥칠 것을 예감하면서도 동료들을 위해 재앙신을 물리친 것이나 타타라바 마을로 복수하러 온 산을 구해 숲으로 데려간 것 그리고 목숨을 걸고 시시가미의 머리를 되찾아준 것 모두 그의 고귀한 희생정신을 보여준다. 그의 희생을 통해 비로소 그는 자신에게 적대적이었던 산과 가까워지고 사랑할 수 있었고 세상만물이 온통 파괴되는 최후의 재앙을 막을 수 있었다. 하지만 그의 희생만으로 인간과 자연은 이전의 적대관계에서 벗어나 평화로운 공존관계로 전환하지는 못했다. 마지막 재앙은 막았지만 앞으로도 여전히 인간과 자연의 대립이 필연적으로 벌어질 것임을 영화는 암시하며 끝난다.

이처럼 『원령공주』에서 미야자키 하야오가 이전의 낙관주의에서 벗어나 회의론으로 돌아선 것은 시대적 상황과 연관이 있어 보인다. 1989년의 동구 사회주의 몰락과 소련의 붕괴는 사회주의에 친근감을 갖고 있던 미야자키 하야오가 유토피아에 대한 희망을 잃게 만드는 역사적 사건이었다. 곧 이어 터진 걸프전과 아프가니스탄 공격을 통해 그는 인간의 비극은 계속되고 세상은 여전히 암울함 속에 놓여있음을 느낀다. 미야자키 하야오는 1994년 BBC 다큐멘터리와의 인터뷰에서 미래를 낙관적으로 보느냐는 질문에 오존층에 난 구멍, 에이즈, 국제난민문제, 공기와 대양의 오염문제를 언급하면서 "우리는 분명히 21세기를 살고 있지만 어떻게 우리 자신과 관객들과 우리 아이들이 이런 대혼란 속에서 아무렇지도 않은 듯 살 수 있는지 신기하기만 합니다. 우리는 스스로에게 왜 이렇게 살아야 하는가라는 질문을 던질 수밖에 없는 시대에 살고 있습니다. 우리는 이런 상황에서 영화를 만들고 있는 거죠. 이제 과거와 똑같은 방식으로 영화를 만들 수는 없습니다."(매카시, 2004:214)고 말한다. 이러한 배경하에서 『원령공주』의 열린 결말을 해석할 수 있다. 두 사람의 희생에도 불구하고 인간과 자연은 여전히 적대적 관계를 지속할 것이다. 그리고 인간의 기술은 자연을 점점 더 많이 파괴할 것이다. 무로마치 시대 이후 인간 기술이 엄청난 발전을 하면서 오늘날의 생태계 위기를 가져온 것이 그것을 증명해 준다. 그렇다면 인간의 기술이나 인간이라는 존재 자체가 반생태적이며 반생명적이기에 사라져야 할 대상인가? 미야자키 하야오는 그렇게 보고 있지는 않다. 수잔 J. 네피어가 지적하듯 에보시의 탄환이 멧돼지의 몸에 박혀 재앙신을 만들었지만, 나병환자와 여성들에게 일자리를 제공해주기에 에보시는 "타타라바의 소외된 자들에게는 휴머니즘의 화신"이라 할 수 있다. 그렇기에 에보시와 타타라바는 파괴되지 않고 남아있게 된다. 이를 근거로 네피어는 "테크놀로지와 산업은 잘못된 것이며 무조건 이를 없애야 한다는 러다이트 운동과 같은 생태근본주의는 단순한 편견"일 뿐이라고 말한다. 『원령공주』는 "단순히 반진보(반근대성)의 메시지를 전달하는 게 아니라, 진보의 불가피성을 암시적으로 인정"하고 있다는 것이다.(노만수, 2008:91)

『원령공주』가 "진보의 불가피성"이라는 메시지를 암시하고 있다는 평가는 과장된 면이 없지 않다. 여전히 근본생태주의적 입장을 견지하고 있기 때문이다. 인간의 역설적 존재를 넘어서서 자연과의 공존이 어떻게 가능할까를 고민하는 점에서 『원령공주』는 『바람계곡의 나우시카』와 통한다. 아시타카와 산 두 사람의 노력으로 인간과 자연이 어느 정도 가까워진 것도 사실이다. 앞으로 두 사람이 중간 지대에서 자주 만나기로 약속한 것 자체가 두 사람의 노력이 계속 이어지리라는 것을 암시한다. 이들의 노력은 당장 가시적 결과를 가져오지 않을지라도 인간과 자연이 좀 더 가까워지도록 만들 것이다. 미야자키 하야오는 비관적인 결말에도 불구하고 이러한 가능성을 열어두고 있다. 진심으로 다른 존재를 사랑하는 마음에서 나오는 행위가 결국에는 모두를 살릴 수 있을 것이라는 믿음을 여전히 갖고 있기 때문이다. 무로마치 시대 이후 500년이 지났지만 인류는 여전히 전쟁과 폭력 그리고 자연 파괴를 일삼고 있다. 이러한 암울한 상황에서도 미야자키 하야오가 희망의 끈을 놓지 않는 것은 모두가 행복한 사회에 대한 꿈을 놓지 않고 있기 때문이다. 그것은 발터 벤야민이 말하는 기술의 아름다운 사용과 일맥상통한다.

> **폭격기를 보면서 인간의 비행에 관한 레오나르도 다 빈치의 기대를 기억하게 된다. 그가 공중으로 떠오르려 했던 것은 '산꼭대기의 눈을 가져다가 한여름 뙤약볕으로 이글거리는 도시의 거리에 뿌려 주기 위해서'였다.**
>
> (벅 모스, 2004:317)

비행의 기술이 인간을 파멸로 이끄는 폭격기로 귀결되지 않고 "산꼭대기의 눈을 가져다가 한여름 뙤약볕으로 이글거리는 도시의 거리에 뿌려"주는 사랑의 도구가 되기를 바라는 것처럼 인간의 실존과 기술이 자연을 파괴하는 것이 아니라 자연에게 이로운 그러한 존재가 되기를 미야자키 하야오는 바란 것이다. 부드러운 기술 또는 인간의 실존을 보장하면서 자연을 파괴하지 않는 기술에 대해 미야자키 하야오가 초기 작품부터 지대한 관심을 보인 것도 이러한 해석을 가능케 한다. 어떻든『원령공주』에서 보여준 인간과 자연의 공존 가능성을 발전시켜 새로운 관계를 실현시키는 것은 우리들 모두의 몫인 것만은 분명하다.

Ⅳ

기술발전과 과학자의 사회적 책임

– 반핵문학으로서의 생태희곡

체르노빌 원자력발전소 사고가 난지 25년 만인 지난 2011년 3월 11일에 다시 후쿠시마에서 대형 원자력발전소 사고가 일어났다. 체르노빌 사고가 나자 그곳에서 2천 킬로미터나 떨어진 영국이나 스칸디나비아 반도에까지 방사능이 불어와 토양과 동식물을 오염시켰다. 유럽 전역이 충격에 휩싸였고 방사능의 위험이 얼마나 전방위적이며 상상을 초월하는 것인지 생생하게 경험할 수 있었다. 체르노빌 사건이 일어난 지 1년 후에 나온 크리스타 볼프의 『원전사고』에 그 충격적 경험이 생생하게 묘사되어 있다.

> **이파리 채소와 시금치는 아예 살 수도 없게 되었고, 아이들에게 더 이상 신선한 우유를 주지 않는다고 작은 딸이 말했다. (...) 아이들이 밖에 나갔다 들어오면 샤워를 시켜야 한다고 했다. 목욕을 시키면 피부를 이완시키고 땀구멍을 열어놓아 방사능이 곧바로 몸속으로 들어온다는 것이다.**
>
> (Wolf, 2001:25)

신선한 야채와 과일, 우유를 먹지 못하고 목욕대신 간단한 샤워만 해야 하는 상황은 방사능 오염이 얼마나 직접적인 영향을 우리 일상에 줄 수 있는가를 잘 말해준다. 방사능 오염이 가져온 파급효과는 이뿐이 아니다. 모든 종류의 신선한 채소와 신선한 우유를 먹지 말아야할 뿐 아니라, "정원에서 꼭 일해야 한다면 장갑을 껴야"(Wolf, 2001:33)하며, 비가 내리면 아이들을 학교에 가지 못하게 해야 하는 것이 실제 상황이 된 것이다. 단 하나의 원자로가 파괴됨으로 해서 유럽인 전체의 일상적 삶을 위협하는 파국적인 실제 상황이 도래한 것이다. 실제로 체르노빌 원전사고로 "56명이 즉시 사망하고, 20만 명 이상이 방사선에 피폭되어 25,000명 이상이 사망하였다. 누출된 방사성 물질은 우크라이나, 벨라루스, 러시아 등으로 떨어져 심각한 방사능 오염을 초래했다. 낙진의 80%가 떨어진 벨라루스는 전 국토의 1/4이 출입금지 구역이 되었다."(김충섭, 2011) 또한 체르노빌 근처에 있던 프리피야트는 사고 당시 약 14,000가구, 5만 명의 주민이 거주하는 중소도시였으나 사고로 유령도시가 되고 말았다. 사고나 난 지 26여 년이 지났지만 프리피야트는 여전히 사람이 살 수 없는 도시로 남아있다. 이 도시를 오염시킨 위험한 방사능 원소가 충분히 감소하려면 앞으로 900년은 걸릴 것이라고 한다.(김충섭, 2011)

체르노빌 사고는 이렇듯 끔찍한 영향을 끼친 사건이었지만 시간이 지남에 따라 그 충격은 서서히 잊혀졌고 세상의 온갖 사건들에 묻혀 거의 사라져버렸다. 유럽과 아시아 국가들은 계속해서 원자력발전소를 건설하고 국민들은 당장의 값싼 전기를 생산한다는 달콤한 말에 그걸 묵인했다. 그러다 후쿠시마 원전사고가 터진 것이다. 후쿠시마 사고를 계기로 세계는 다시 원자력의 위험성에 주목하게 되었다. 오랜 환경운동의 전통을 지니고 있는 독일에서 마침내 원자력발전을 포기하겠다는 탈원전 합의가 이루어졌다. 2022년까지 모든 원자력발전소 가동을 중단시키겠다는 독일 정부의 결정은 원자력의 도움 없이도 산업사회를 유지시킬 수 있을지를 가늠하는 시금석이 될 것이다.

하지만 우리는 탈원전은 커녕 대통령이 나서서 원전기술을 블루오션으로 삼겠다며 원전확대를 감행하고 있다. 별로 놀라운 사실은 아니다. 2004년 이후 지구촌에 새로 건설한 35기중 33기가 아시아지역에 세워졌으며 아시아 국가들은 앞으로 더 많은 원전을 계획하고 있기 때문이다. 이미 일본에 54기, 한국에 21기, 중국에 13기가 가동 중이며 앞으로 계획 중인 원자로가 모두 완공된다면 2030년이면 거의 200기에 달하는 원자로가 동아시아 3국에 촘촘히 자리잡을 것이다. 지금도 한국은 국토면적당 시설용량이 세계 1위인데 그 기록이 동아시아로 확대되는 것은 시간문제다.

2011년 3월 11일에 일어난 후쿠시마 원전사고는 여전히 현재진행형이다. 후쿠시마 원전사고로 인해 17만 명이 피난을 떠났고, 사고지점으로부터 반경 20킬로미터 이내의 지역이 방사능에 심각하게 오염되어 사람이 살 수 없는 불모지대가 되었다. 사고가 난 원자로에서는 아직도 방사능이 하늘과 땅 그리고 바다로 유출되고 있다. 후쿠시마 원전에서 나온 방사능이 과연 어디까지 영향을 미칠 것인지는 현재 아무도 알 수가 없다. 원전사고를 통해 방출된 여러 종류의 방사능들은 반감기가 적게는 몇 십 년에서 길게는 수백 년까지 이르러 그 영향이 매우 장기적으로 지속되기 때문이다[13]. 그런 의미에서 후쿠시마는 체르노빌과 마찬가지로 현재 진행형이며 우리 인류에게 끊임없이 반성과 성찰을 요구한다. 이제 원자력의 위험은 초국가적이며 전 인류적 문제가 되었다.

현재 전세계에는 447기의 원자로가 가동되고 있다. 그런데 1954년 6월 27일에 소련의 오브닌스크 원자력 발전소가 가동한 이후 지금까지 58년이라는 짧은 기간 동안에 5등급 이상의 대형사고만 6번이나 발생하였다. 그중에서도 심각한 사고인 미국의 스리마일섬 원전사고(1979), 소련의 체르노빌 원전사고(1986), 일본의 후쿠시마 원전사고(2011)가 모두 기술선진국에서 일어났다는 사실은 시사하는 점이 많다. 원자력은 결코 안전한 에너지가 아니고 원전사고를 사전에 100퍼센트 예방할 수 없으며 거의 20년 꼴로 한 번씩 대형사고가 터지고 있다는 사실을 우리에게 말해준다. 원

13) 이번에 후쿠시마 원전에서 많이 방출된 세슘137은 반감기가 30년, 원자로 주변을 오염시킨 플루토늄239는 반감기가 2만4천년이나 된다.

자력발전소 수가 늘어나면 오히려 사고의 확률이 높아지는 것은 당연한 일이므로 앞으로 우리는 더욱 커다란 위험에 노출되어 있는 셈이다.[14)]

체르노빌과 후쿠시마의 원전사고는 원자력은 원전 옹호자들이 선전하는 '그린 청정에너지'가 아니라 인류 전체에 치명적 위협을 가져올 수 있는 악마의 에너지임을 우리에게 일깨워주었다. 돌이켜보면 원자력을 발견하여 그것을 처음으로 활용한 것이 원자폭탄이었다는 점에서도 원자력은 태생적 문제점을 지니고 있는 에너지이다. 핵분열을 이용하여 거대한 에너지를 얻을 수 있다는 착상이 나온 것은 20세기 초의 일이고 실제로 실험실에서 핵분열에 성공한 것은 1930년대에 와서야 가능하였다. 그리고 그것을 응용하여 1945년 7월에 원자폭탄 제조에 성공한다. 그리고는 1945년 8월 6일과 9일에 히로시마와 나가사키에 원자폭탄을 투하함으로써 원자력을 이용한 첫 번째 사례가 대량학살 무기가 된 것이다. 히로시마에 투하된 원자폭탄은 기존의 모든 재래식 무기를 압도하는 상상도 못할 피해를 가져왔다. 단 하나의 폭탄으로 히로시마 도심이 완전 폐허가 되

14) 전세계 447개의 핵발전소 중에서 6개의 대형사고가 발생하였다. 통계적으로 보면 사고확률은 1.34%에 해당한다. 약 80개 중 하나에서 핵사고가 발생한 것이다. 그렇다면 21개의 핵발전소가 있는 우리나라에서 대형사고가 발생할 확률은 약 24%로 상당히 높다. 김익중, 「원자력, 필요악인가? (2)」, 아시아 뉴스통신 2012년 5월 23일. http://www.anewsa.com/detail.php?number=354227&thread=04r02

었고, 7만에서 8만 명이 현장에서 즉사했으며, 이후 방사능에 노출된 사람들 중 7만 명이 추가로 사망하여 원폭투하로 히로시마 인구의 30%가 사망하였다. 하지만 더 커다란 피해는 그 이후 방사능 후유증으로 인해 수십만 명이 죽어간 것이다.

히로시마의 원폭투하와 그 가공할 위력은 전 세계의 지식인들에게 엄청난 충격을 안겨주었다. 더구나 소련이 원자폭탄 개발에 성공하고 동서 냉전시대를 맞아 미국과 소련이 경쟁적으로 원자폭탄과 수소폭탄을 제조하면서 3차 대전의 발발 가능성이 높아지자 핵문제는 인류의 생존가능성을 위협하는 심각한 문제로 인식되었다. 과학자의 발견이 도시 전체를 파괴시키고 수많은 사람들의 목숨을 순식간에 앗아간 핵무기의 개발로 이어진 것을 보면서 과학자의 사회적 책임 문제가 새롭게 대두되었다. 이 사건을 통해 과학과 기술의 진보는 인류의 번영에 이바지 할 것이라는 습관화된 믿음이 흔들렸고 과학의 승리가 범죄로 급변할 수 있음이 분명해졌다. 브레히트는 일찍이 이 문제에 주목하여 망명기간 중에 현대물리학의 창시자인 갈릴레이를 주제로 한 희곡작품을 썼다. 이후 독일문학에서는 1950년대와 60년대에 특히 희곡 분야에서 원자폭탄의 원리를 발견했거나 실제로 원자폭탄 제조에 깊숙이 관여했던 과학자를 주인공으로 한 작품이 잇달아 발표되었다. 뒤렌마트 Friedrich Dürrenmatt의 『물리학자들』(1962)이 물리학의 발견이 치명적 결과를 초래할 수 있다는 위험에 대한 경고를 문제 삼고 있다면, 키프하르트 Heinar Kipphardt의 『오펜하이머 사건』(1964)은 과학자의 발견과 새로운 원리를 찾고자 하는 욕망이 실제로 어떠한 치명적 결과를 초래하였는가에 대한 문제를 원자폭탄의 발명과 그 영향을 중심으로 제기하고 있다. 이들 작품에 앞선 것이 바로 한스 헤니 얀 Hans Henny Jahnn이 1959년에 발표한 『양심의 폐허 Trümmer des Gewissens』이다. 나중에 제목이 『먼지 무지개 Der staubige Regenbogen』로 바뀐 이 작품은 반핵문제뿐만이 아니라 유전자조작, 기술을 통한 자연파괴 등의 생태학적 문제들을 다루고 있는 점에서 독일 생태희곡의 선구적 작품으로 평가된다. 이 장에서는 핵문제와 과학자의 책임을 중심에 두고 있는 두 작품을 분석해보려 한다. 드라마의 장르적 특징은 작품이 등장인물 간의 대화로 구성된다는 것이다. 등장인물이 직접 자신의 생각을 토로하고 행동으로 보여주기 때문에 인물의 성격적 특징이 선명하게 드러난다. 그렇기에 희곡은 등장인물의 사상이나 심경의 변화를 섬세하게 그려 보여 줄 수 있다. 이 장에서 분석할 키프하르트와 얀의 희곡은 모두 과학자를 주인공으로 삼고 있으며, 이들이 과학기술의 치명적 위험을 인식하고 과학자의 사회적 책임을 자각하는 과정을 보여주고 있다.

1. 원자폭탄 개발과 과학자의 책임 – 키프하르트의 『오펜하이머 사건』

1964년에 나온 『오펜하이머 사건』은 1954년 미국에서 벌어졌던 오펜하이머에 대한 심문 기록을 바탕으로 쓴 희곡 작품이다. 유태인 물리학자인 오펜하이머는 원자폭탄을 개발하기 위해 미국 정부가 1942년에 만든 로스 알라모스의 책임자를 맡아 미국과 유럽의 저명한 과학자들을 모아 연구 끝에 원자폭탄을 만드는 데 성공하여 2차 대전에 사용할 수 있게 만든 인물이다. 전쟁 이후에도 오펜하이머는 “원자폭탄의 아버지”라 불리며 미국 국방부 위원회와 대통령 원자력 위원회 등에 참여하여 지속적인 활동을 펼친다. 하지만 동서 냉전 기류가 심해지고, 미국과 소련 간의 무기경쟁이 치열해지면서 미국이 수소폭탄 개발을 진척시키려 했을 때 오펜하이머는 도덕적 견지에서 이 프로젝트에 협력할 것을 오랫동안 거절했다. 그 대신 오펜하이머는 자신이 주도한 원자력위원회의 과학자자문위원회를 통해 1949년에 미국 정부에 대해 수소폭탄 개발을 주도하지 말고 그 전에 소련과 상호 수소폭탄을 제조하지 않겠다는 협정을 체결할 것을 제안하기도 하였다. 그러나 수소폭탄 개발을 위한 대통령의 긴급계획이 수립되고 로스 알라모스에서 수소폭탄이 만들어져 1951년에 최초 실험에 성공하였다. 소련 역시 곧바로 수소폭탄 실험에 성공하여 1954에는 소련이 “수소폭탄 개발에서 미국을 추월할지도 모른다는 의심"이 일어났고 이것이 미국 내의 반공주의와 결부되면서 오펜하이머는 1954년에 미국 원자력 위원회의 공안위원회 앞에서 심문을 받아야 했다.(Geiger, 1973:78) 이 당시는 냉전의 격화와 함께 매카시 상원의원이 중심이 된 반공주의가 정점에 이를 때로 과거나 현재의 행적과 언행이 조금이라도 의심되는 사람이면 무조건 고발하여 공직에서 추방함으로써 미국 전역을 공포의 도가니로 몰아넣었던 시기였다. 이러한 때에 오펜하이머에 관한 적대적인 내용을 담은 군 보안 보고서가 발표되어 과거 공산주의 활동 경력, 소련 간첩 명단 제출의 지연, 수소폭탄 제조 반대 등과 연루되었다는 명목으로 기소당한 것이다. 원자력위원회 공안위원회가 주도하여 1954년 4월 12일부터 5월 6일까지 오펜하이머의 과거행적과 사상에 대한 검증을 하였는데 조사위원회는 5월 14일 오펜하이머가 1930년대에 미국 내 공산주의자들과 밀접한 관계를 맺고 있었고 이러한 관계가 수소폭탄 제조에 대한 그의 반대 태도에 영향을 미쳤음을 인정하며 보안사항 취급허가를 취소하였다. 이로써 그는 정부의 자문역을 상실하게 되었다. 당시에 오펜하이머에 대한 방대한 심문 기록을 원자력 위원회가 출간하였는데 이를 바탕으로 로버트 융크가 심문내용과 핵물리학에 대한 자료를 수집하여 『수천의 태양보다 더 밝은 Heller als tausend Sonne』이라는 제목으로 보고서를 출판하였다.(양도원, 1995:471) 이를 바탕으로 키프하르트가 이 작품을 쓴 것이다. 오펜하이머 심문 기록을 바탕으로 하여 기록극을 만들었지만 키프하르트는 자신의 의도에 따라 기록을 취사선택하고 등장인물을 줄였으며 허구적 진술을 덧붙이기도 했다.[15)]

오펜하이머에 대한 심문의 핵심은 사상검증이지만 키프하르트는 오펜하이머 심문 부분에서 원자탄이 만들어지게 된 과정과 수소폭탄 개발 계획에 대한 이야기가 나오게 만듦으로써 과학자의 사회적 윤리적 책임 문제가 자연스럽게 중심 주제를 차지하도록 하였다. 심문의 쟁점 중의 하나 역시 원자폭탄을 만드는 데 앞장섰던 오펜하이머가 왜 수소폭탄 제조 계획에는 유보적이고 회의적인 태도를 보였는가에 놓여있다. 이 과정에서 히로시마와 나가사키에 원자폭탄이 투하된 이후 오펜하이머가 느낀 심정 변화가 드러나면서 과학자의 연구가 미치는 영향력에 대한 문제제기가 이루어진다.

1945년 8월에 히로시마와 나가사키에 투하된 원자폭탄으로 15만 명이 순식간에 목숨을 잃었다. 희생자의 숫자는 아우슈비츠에서 살해된 유태인의 숫자에 훨씬 못 미치지만 단 두 개의 폭탄으로 도시 전체가 순식간에 사라져버리고, 그곳의 거주자를 무차별적으로 죽음으로 몰아넣었다는 사실이 전 세계에 알려지면서 엄청난 파문이 일었다. 이 사건

15) 오펜하이머 측의 변호인 수를 줄이고, 각 장의 처음에 매카시의 연설, 사진, 요약 등을 넣었다. 특히, 작품의 결말 부분을 이루는 오펜하이머의 연설은 작가가 창작해낸 허구이다.

을 통해 "과학과 기술의 진보에 대한 우리의 습관화된 믿음을 뒤흔들어 버리는 위기지점"이 드러났기 때문이다. 원자폭탄은 "과학과 기술에 대한 믿음의 산물"이었기에 파괴된 도시를 보면서 "과학의 승리가 범죄로 급변"하는 것을 과학자들뿐만 아니라 일반인들도 느끼게 되었다.(Charbon, 1974:14) 이러한 급변을 원자폭탄 개발을 주도한 오펜하이머 역시 매우 심각하고 진지하게 겪게 되었으며 그 결과 수소폭탄 제조에 유보적 태도를 보이게 된 것이다. 오펜하이머는 한편으로는 가공할 살상무기를 개발하는 데 적극적으로 협조한 과학자의 모습과 다른 한편으로는 자신의 연구 결과가 가져온 심각한 영향에 대한 책임을 느끼는 과학자의 모습 모두를 갖고 있는 인물이다. 키프하르트는 바로 이 문제를 자신의 작품에서 중점적으로 다루고 있다.

오펜하이머는 원자력위원회가 구성한 공안위원회에 출두하여 심문을 받게 되자, 이 위원회가 "우리 시대 물리학자들의 어려운 의무"(Kipphardt, 1978:246)를 다루게 될 것이라며 문제의 핵심을 지적한다. 핵물리학의 성과가 원자폭탄을 만드는 데 적극적으로 활용되어 엄청난 인명 살상을 가져온 사실을 알게 되면서 원자폭탄 개발에 주도적으로 참여했던 오펜하이머는 "도덕적 가책"(Kipphardt, 1978:249)을 느꼈음을 고백한다. 하지만 오펜하이머가 도덕적 가책을 느낀 것은 원자폭탄을 만들고 그것을 직접 사용한 후이다. 그 전까지는 커다란 가책을 느끼지 않았기에 적극적으로 원자폭탄 개발을 추진한 것이다. 이것은 전쟁무기 개발에 참여한 많은 과학자들의 공통적인 태도처럼 보인다. 2차 대전 중 오펜하이머는 원자폭탄을 개발해야 한다는 신념을 가지고 있었고 그렇기에 원자폭탄 개발에 결정적 기여를 한다. 연구소 책임자를 맡아 저명 과학자들을 모으고, 개발계획을 진두지휘했을 뿐 아니라 나중에 원자폭탄을 어느 도시에 어떤 고도로 투하할 것인지에 대한 기술적 자문까지 하였다. 이 과정에서 오펜하이머는 일말의 회의나 양심의 가책을 느끼지 못한다. 일본의 어느 도시에 원자폭탄을 투하할 것인지를 자문하는, 즉 "목표지를 선별해 내는 데 협조"하는 일까지 오펜하이머는 수행함으로써 개발과 실전 사용 두 면에서 커다란 역할을 한다.

> **히로시마, 고쿠라, 니가타, 교토 - 우리의 실험 경험에 비춰볼 때 어떤 목표지가 원자폭탄 투하에 가장 적합할지, 우리는 전문가로서 질문을 받았습니다.** (Kipphardt, 1978:248)

여기서 우리란 핵물리학자 협의회에 속한 저명 과학자들로 원자탄 하나하나의 효력을 정확하게 측정하기에 가장 적합하고, 군사적으로도 매우 효과적인 목표지에 대한 "과학적 자료"를 제공하였다. 물론 최종 투하지를 결정한 것은 육군성이지만 결정을 위한 기초 자료를 제공하고 자문을 한 것은 과학자들이었다. 목표지의 특성을 조사하는 이들의 태도는 기술만능주의의 전형적인 모습을 보여준다.

> **우리의 계산에 따르면, 면적이 적어도 직경 2마일은 되어야 했고, 가능한 한 목조 건축물들이 밀집해 있는 곳이어야 했습니다. 기압과 뒤따르는 불길 때문에 말이죠. 또 선정된 목표지는 군사전략상 큰 가치를 지니고 있고, 사전에 폭격이 없었던 곳이어야 했습니다.** (Kipphardt, 1978:248)

오펜하이머가 제시한 기준은 원자폭탄이 폭발하여 가장 커다란 효력을 발생할 수 있는 도시를 찾는다는 점에서는 순수 기술적이지만 군사전략상 큰 가치, 즉 군수공장이나 군사시설이 있는 곳을 함께 고려한다는 점에서는 정치적이다. 과학자나 전문가가 자신의 지식을 사용할 때 그것이 결코 중립적이거나 순수 과학적일 수 없음을 잘 말해준다. 원자폭탄을 투하해 최대의 효과를 얻는다는 것은 곧 적에게 최대의 피해를 입히는 것을 의미한다는 사실을 알면서 기술적 검토를 하기 때문이다. 물론 원자폭탄을 히로시마에 투하할 경우 "수천의 민간인이 죽으리라는 것을 알았는가"라는 질문에 "결과로 드러난 것처럼 그렇게 많은 사람이 죽으리라고는 예상하지 못했다"(Kipphardt, 1978:249)라는 오펜하이머의 대답처럼 정확한 수치까지는 모를 수 있었다 해도, 자신의 행위가 어떤 결과를 가져올지는 충분히 예상할 수 있었다. 그럼에도 불구하고 "우리는 전문가로서 우리에게 요구되는 일을 한 것입니다"(Kipphardt, 1978:249)라는 오펜하이머의 대답은 기술만능주의자 또는 자신이 만든 발명품의 효과를 검증해 보고 싶어 하는 순진한 과학자의 모습을 전형적으로 보여준다. 오펜하이머가 히로시마에만 7만 명이 순식간에 목숨을 잃은 사실을 직면하고 비로소 "끔찍한 도덕적 가책"(Kipphardt, 1978:249)을 느꼈다고 말하지만 그전까지는 가능한 한 최대한의 효과를 얻기 위해 자신이 할 수 있는 모든 일을 적극적으로 수행하였다. 이것이 오펜하이머라는 뛰어난 과학자의 두 가지 모습, 즉 "일종의 정신분열 상태"(Kipphardt, 1978:249)이다.

과학자의 지식이 정치적으로 이용될 수 있음은 원자폭탄 개발 계획 자체에도 이미 드러난다. 오펜하이머는 원자폭탄 개발에 참여한 이유를 "그것이 히틀러에 의해 사용되는 것을 막기 위해서"(Kipphardt, 1978:250)였다고 말한다. 나치에 의해 원자폭탄이 먼저 개발되면 인류에게 끔찍한 위험을 가져올 것이기에 나치에 앞서 개발하는 것이 원자폭탄의 사용을 막는 길이라는 주장이다. 그래서 그는 "우리는 원자폭탄이 사용되는 것을 막기 위해서 원자폭탄을 만들었다"(Kipphardt, 1978:250)는 모순적 주장을 펼친다.

이러한 주장은 공교롭게도 공안위원회에 나와 오펜하이머에게 불리한 진술을 한 동료과학자인 텔러의 입장과 상당부분 일치한다. 로스 알라모스에서 원자폭탄 개발에 함께 참여했고, 나중에 수소폭탄 개발 책임을 맡은 텔러는 히로시마를 겪고 난 후인 1953년에도 아무런 도덕적 가책을 느끼지 않으며, 여전히 강력한 무기만이 전쟁을 억제할 수 있다고 주장한다.

> **인간이 실제로 깊은 충격을 느껴야만 비로소 정치적 이성을 갖게 된다고 저는 확신하고 있습니다. 폭탄의 위력이 모든 것을 없앨 만큼 엄청나질 때에야 비로소 인간은 그렇게 될 겁니다.** (Kipphardt, 1978:309)

텔러의 주장은 핵무기 개발의 구실로 핵억제력을 강조하는 군인과 정치가들의 주장과 같다. 아군이 충분한 핵무기를 보유하고 있으면 적이 함부로 공격하지 않을 것이고 그 결과 핵전쟁이 발생할 확률이 지극히 낮아질 것이므로 더 강력한 핵무기를 더욱 많이 보유해야 한다는 논리이다. 이 논리로 인해 2차 대전 이후 수많은 핵무기가 제조되고 전선에 배치되었다. 또한 더 강력한 무기를 개발하는데 전력하여 수소폭탄과 화학무기, 생물무기 등 조금만 사용해도 인류에게 치명적인 위험을 가져올 무기를 만들어냈다. 냉전시대에 이러한 논리로 미국과 소련이 앞서거니 뒤서거니 하면서 핵무기 보유를 늘리고 새로운 무기 개발에 착수하다 보니 점점 더 많은 핵무기가 만들어지는 악순환에 빠져버렸다. 또한 프랑스를 위시한 여러 나라들도 서둘러 핵실험과 핵무기 개발에 뛰어들어 핵무기 보유국이 늘어났다. 그 결과 우리는 언제 어디서 터질지 모르는 지뢰밭 위를 아슬아슬하게 걸어가고 있는 것이다. 전 세계 곳곳에 배치되어 있는 핵무기는 언제 폭발할지 모르는 뇌관처럼 지구 전체를 위협하고 있는 상황이 되었다. 그럼에도 불구하고 강경론자들은 더 많은 강력한 무기만이 전쟁을 억제할 수 있다는 모순적 주장을 되풀이하고 있다. 이들은 실제로 무기의 힘에 의지하면서 스스로를 평화주의자라고 말한다. 텔러 역시 마찬가지이다.

> **언젠가 나를 평화주의자로 보게 될 시기가 오기를 바랍니다. 왜냐하면 모든 것을 파괴할 우리의 무기에 대한 엄청난 공포가 정치적 목표를 관철하기 위한 고전적 수단인 전쟁을 결정적으로 무화시키게 될 것이기 때문입니다.**
>
> (Kipphardt, 1978:312)

비록 아직까지는 핵전쟁이 일어나지 않았지만, 우리는 지금까지 몇 차례 일촉즉발의 핵전쟁 발발 위기를 겪었다. 따라서 텔러처럼 힘의 과시만이 적을 제압할 수 있다는 생각을 지니고 있는 강경파들이 존재하는 한 핵전쟁의 위험은 상존해 있다. 텔러의 문제는 또한 그가 맹목적인 과학자상을 대변하고 있다는 데 있다. 히로시마를 겪고 나서도 그는 수소폭탄 개발에 한번도 "도덕적 가책"을 느껴본 적이 없으며, "그것을 나의 문제로 본 적이 없습니다"(Kipphardt, 1978:310)라고 말한다. 그의 관심은 오로지 과학적 사실의 발견에 있다. 우라늄을 분리할 때 나오는 엄청난 에너지를 폭발목적으로 사용할 수 있으리라는 과학자들의 생각을 "유익한 착상"(Kipphardt, 1978:310)이라고 지칭할 정도이니 그가 수소폭탄을 만들면서 "어떤 발견 안에 숨어 있는 후유증과 활용 가능성을 나로서는 예견할 수 없습니다"(Kipphardt, 1978:310)라고 말하는 것도 놀라운 일이 아니다. 그렇기에 텔러가 원자폭탄과 수소폭탄 개발에 참여한 것은 놀라운 과학적 발견을 확인하고 그것을 실용화하는 과학자적 관심에서 나왔다. 그에 따르면 과학적 발견이란 단지 "사실"일 뿐이다.

> **내 생각에 발견이란 선하지도 악하지도 않습니다. 도덕적이거나 비도덕적인 것도 아니며, 단지 사실적일 뿐이지요. 우리는 그 발견을 선용할 수도 오용할 수도 있습니다. 원자력 같은 내연기관으로 사용할 수 있습니다. 인류는 결국 고통스러운 발전을 겪으면서 늘 발견을 사용하는 법을 배운 것입니다.** (Kipphardt, 1978:310-311)

텔러의 입장은 "과학기술의 내용 자체는 보편적 합리성에 기초한 것이므로 가치중립적이라 간주하고, 다만 그것이 사용되는 사회적 구조가 선한 것이냐 악한 것이냐에 따라 과학기술의 사회적 결과가 좋게 나타나기도 하고 나쁘게 나타나기도 한다"는 일부 과학자들의 주장과 맞닿아 있다.(김환석, 1998:196) 과학기술 자체를 비판하는 것은 잘못된 것이라는 이러한 입장은 최근에 사회구성론적 연구에 의해 허구성이 드러난 바 있다. 왜냐하면 "근대 과학기술은 보편합리적인 것이 아니라", "과학기술 활동이 관찰된 현상에 대한 특정한 해석(의미부여)에 기초해서 이루어지고 이러한 해석은 사회적 협상을 통해 선택되고 안정화되므로, 어떤 과학기술도 사회적 과정을 초월해서 구성될 수는 없다는 사실"(김환석, 1998:198)이 밝혀졌기 때문이다. 결국 근대 과학기술은 보편합리적인 것이 아니라 특정한 사회문화적 산물이므로 중립적일 수 없다. 더욱이 과학기술의 발견이 가져올 영향이나 파괴력을 알면서도 발견을 포기하지 않고 연구를 계속하는 것은 정치적이라고 할 수 있다. 그런 점에서 텔러의 행동은 뒤렌마트의 『물리학자들』에서 뫼비우스가 자신이 발견한 과학적 원리가 가져올 치명적 결과를 피하기 위해 스스로를 정신병원에 유폐시킨 행동과는 극명한 차이를 보인다.[16] 텔러는 여기에서 한 발 더 나아가 "모든 위대한 발견들은 (...) 처음에는 일단 파괴적 결과를 초래"(Kipphardt, 1978:312)했다며 계속해서 "전진"하는 것이 필요하다고 주장한다.

---

16) 뒤렌마트의 『물리학자들』은 정신병원에 있는 세 명의 물리학자들에 대한 이야기이다. 천재 물리학자인 뫼비우스는 자신이 발견한 이론이 세상을 엄청난 파국으로 몰아넣을 것임을 인식하고 자신의 앞날을 포기하면서까지 스스로 정신병원에 들어가 정신병자 행세를 한다. 뫼비우스가 발견한 이론을 손에 넣기 위해 서방과 공산진영에서 각각 물리학자들을 정신병자로 위장시켜 같은 정신병원에 잠입시킨다. 이 작품은 이들 세 물리학자와 간호사, 세계제패에 대한 야심을 갖고 있는 원장 간에 벌어지는 일을 다루고 있다.

모든 위대한 발견들은, 세계의 상황이나 우리가 머리속에 그리는 세계상에 비추어 볼 때 처음에는 일단 파괴적 결과를 초래했습니다. 그것들은 세계의 기존 상황을 전복시키고 새로운 상황을 만들어 냈습니다. 그리고 세계로 하여금 전진하지 않을 수 없게끔 만들었습니다. 그렇게 전진이 가능했던 것은 오로지 발견자들이 그 발견의 결과를 겁내지 않았던 데 연유합니다. (Kipphardt, 1978:312)

과학을 위한 과학, 발견을 위한 발견을 강조하는 텔러는 발견의 결과를 아랑곳하지 않고 과학적 발견에 몰두하는 과학자의 전형을 보여준다. 그는 과학자의 작업이 내포하고 있는 도덕적, 정치적 의미를 부정한다. 그렇기에 텔러는 그 어떤 연구도 아무런 거리낌 없이 수행할 수 있는 "관리되는 국가의 이상적인 기술간부"(Charbon, 1974:215)라 할 수 있다.

오펜하이머는 원자폭탄이 투하된 이후에야 비로소 문제의 심각성을 인식한다. 수소폭탄 개발에도 참여했던 다른 과학자인 베테는 1954년에 가서야 과학자의 모순에서 벗어나 자신의 입장을 정립한다. 베테는 수소폭탄 개발이 잘못된 일이었다고 진술하며 "누구도 이 저주스런 물건을 제조해서는 안 되며, 그것을 어기면 전쟁도 불사한다는 협정을 모색했었어야 한다"(Kipphardt, 1978:317)는 입장을 밝힌다. 이미 만들어진 수소폭탄의 경우는 양진영의 "이중자살"을 막기 위해 "어떻게든 그 물건을 다시 세상에서 제거"할 방안을 강구해야 한다는 것이다.(Kipphardt, 1978:318) 이러한 입장은 수소폭탄 제조를 국제적 협정으로 막으려 했던 오펜하이머의 태도와 일치한다.

> **수소폭탄으로 치러질 3차 대전 후에는 승자도 패자도 없을 뿐 아니라 오로지 98퍼센트 내지는 100퍼센트의 멸종밖에 없기 때문에 내게는 이같이 끔찍스러운 무기를 포기하겠다는 국제적 선언을 하는 것이 한층 현명한 것으로 생각되었습니다.** (Kipphardt, 1978:294)

수소폭탄의 위력은 원자폭탄에 비할 바가 아님을 핵물리학자들은 너무도 잘 알고 있었기에 수소폭탄은 만들어져서는 안 될 "저주스런 물건"이라는 것이 오펜하이머가 도달한 결론이다. 실제로 20 메가톤급의 수소폭탄 한 개의 위력은 지금까지의 모든 전쟁에서 사용된 폭탄을 합한 위력보다 더 크다고 한다.(Charbon, 1974:215) 이러한 인식은 결국 오펜하이머로 하여금 수소폭탄 개발계획을 거부하도록 만들었고, 그를 재판정에 서게 만들었다. 오펜하이머는 이 일련의 사건들을 통해 과학자의 진정한 임무와 의무가 무엇인지를 깨닫는다. 가장 커다란 문제는 역시 과학이 군대의 부속물이 되어버린 것이다.

> **오늘날에는 핵물리학의 기본 연구조차 극비 상황이며,**

> 우리의 연구소들은 군대 기관에 의해 운영되면서 전쟁 목표물처럼 감시받고 있는 실정입니다. (Kipphardt, 1978:334)

오펜하이머가 우려하듯 기술이 국가에 의해 통제되고 관리될 경우 인류에게 커다란 재앙을 가져올 수 있다. 나치가 과학자들에게 강요했던 "목적지향적 과학 Zweckwissenschaft"이 우세해질 것이기 때문이다. 이를 자크 엘루Jacques Ellul는 다음과 같이 설명한다.

> 과학에 있어서 더 이상 자유로운 연구는 있을 수 없다. 국가는 모든 기술자들과 과학자들을 조직화하여 그들에게 정확하고 제한된 기술적 목표들을 부과한다. 국가는 과학자들에게 더욱 전문화할 것을 강요하며, 그 자신은 전문가의 배후에 있는 지시세력으로 남는다. 국가는 그 자신의 이해와 관계가 전혀 없어 보이는 모든 연구를 금지시키며 효용성이 있는 연구만 시행한다. 모든 것은 서비스와 효용성의 개념에 종속되는 것이다. 따라서 결과는 미리 알려지며, 과학은 단지 수단만을 제공하게 된다. (엘류, 1996:334)

이러한 문제점을 오펜하이머 역시 깨닫고 자신을 포함한 과학자들이 결과를 생각하지 않고 연구 작업을 군대에 맡긴 것은 "과학의 정신을 배반"한 것이라 강하게 비판한다. 그 결과 새로운 발견은 새로운 "죽음의 공포"를 불러일으키고 결과적으로는 "지구상의 생명체가 전멸될 가능성"(Kipphardt, 1978:294), 즉 "지구의 파멸" 위험에 처하게 되었기 때문이다. 그래서 오펜하이머는 과학자들이 "생의 가장 중요한 시기를 줄곧 보다 완벽한 파괴 수단을 찾아내는 데 소모했음"을 즉, "군대의 일에 종사해 왔음"을 비판하며 "그것이 잘못된 일이었음을 통감한다"(Kipphardt, 1978:335)고 고백한다. 더 나아가 정부에 대한 맹목적 충성을 비판하며 과학자 본연의 임무로 돌아가겠다고 선언한다.

> **우리 물리학자들은 우리의 정부에 대해 지금껏 때로는 아무 성찰도 없는 너무나 지나친 충성을 바쳐온 것이 아닌가 하고 자문해 봅니다. (...) 저는 앞으로 다시는 전시계획에 동참하지 않을 것입니다. 지금까지 우리는 악마의 일을 해왔습니다. 그러나 이제 우리 본연의 임무로 돌아가겠습니다.**
>
> **(Kipphardt, 1978:335)**

국가에 대한 충성과 인류에 대한 충성이 갈등에 빠지는 일종의 정신분열 상태는 "물리학자들의 일반적인 직업병"(Wekwerth, 1967:178)이다. 과학자들은 책임의식에 따른 양심의 가책과, 재정과 환경을 뒷받침해서 연구에 몰두할 수 있도록 만들어주지만 공물을 요구하는 거대한 정치권력의 요구 사이에서 갈등을 빚고 있는 존재이다. 오펜하이머의 진술은 이들을 이러한 분열상태로 몰아넣은 국가와 권력에 대해

결연한 비판을 담고 있다. 결국 오펜하이머는 미국에 충성할 경우 “미국을 위해 인류를 위태롭게” 만들게 되고, 인류에 충실할 경우 “미국의 존재를 위태롭게”(Wekwerth, 1967:175) 한다는 딜레마적 상황에서 “과학자 본연의 과제”로 돌아가겠다고 선언한다.

이 마지막 진술은 오펜하이머의 심문기록에는 없는 것이다. 작가인 키프하르트의 순수 창작부분인데 이를 통해 “자신의 인식을 주저 없이 군대에 넘겨주는 모든 과학자들에 대한 경고”(Koebner, 1984:309)를 보내고 있다. 키프하르트가 오펜하이머를 통해 제기한 문제는 오늘날에도 여전히 유효하며 더욱 중요해졌다. 냉전시대가 무너졌지만 과학자들은 여전히 “인간성에 충실해야 하는가, 정부의 명령에 복종해야 하는가”의 양자택일을 해야 하는 상황에 봉착해 있다. 과학자들은 여전히 일종의 정신착란 상태에 빠져있다. 대량 파괴수단에 의해 자기 파멸의 위협에 처해있는 오늘의 세계에서 과학자는 그 어느 때보다 중요한 영향을 미칠 수 있기 때문이다. 그런 점에서 문학은 과학기술의 파괴적 측면과 과학자의 책임 문제를 끊임없이 제기해야 할 것이다. 이 문제를 좀 더 광범위하게 다루고 있는 작품이 한스 헤니 얀의 『먼지 무지개』이다.

2. 과학기술과 기술만능주의에 대한 비판 – 한스 헤니 얀의 『먼지 무지개』

한스 헤니 얀은 여러 편의 드라마와 소설을 쓴 작가로서 뿐만 아니라 “파이프 오르간 설치전문가, 음향전문가, 농장 전문가, 호르몬 연구자, 생태학자, 건축가, 스케치 화가, 초기 바로크 음악원고 출판자, 오페라 대본 작가, 아마추어 작곡가”(Zuckmantel, 2004:17)로도 명성을 날렸다. 얀은 1959년에 65세의 나이로 세상을 떠날 때까지 활발하게 핵에너지 반대와 서독의 재무장을 반대하는 실천적 운동에 참여하였다. 특히 1957년에 함부르크에서 <핵무기로 인한 죽음에 맞서 싸우자 Kampf dem Atomtod>를 모토로 전국에서 30만 명이 모인 반핵시위에서 얀은 박스 브라우어 함부르크 시장, 빌리 브란트와 함께 연사로 참여해 반핵운동에 적극적인 지지를 표명하였다.(Lüth, 1984:73) 2차 대전이 끝난 후 망명에서 돌아온 얀은 많은 에세이와 연설 그리고 행동을 통해 핵전쟁의 위험을 알리는 일에 적극적으로 나섰다. 그런 점에서 얀은 문학작품을 통해서 뿐만 아니라 “참여문학적 의미에서의 에세이”(Schäfer, 1996:307)를 통해 핵무기와 핵에너지의 위험을 널리 알렸고, 더 나아가서 실제 행동으로 반핵운동을 실천한 “특별한 지식인”(Schäfer, 1996:307)이라 할 수 있다. 『먼지 무지개』는 1959년에 쓴 작품임에도 체르노빌이나 후쿠시마 원전사고로 현실이 된 핵에너지의 위험성을 주제로 삼고 있고, 인공수정, 유전자조작이나 원시림 파괴와 같은 생태학적 주제를 선취하고 있다는 점에서 매우 시사적이며 흥미롭다.

1) 맹목적 과학자와 기술만능주의의 문제

『먼지 무지개』의 무대 배경은 서양의 어느 국가이며 동서 냉전의 시대처럼 강력한 적과 대치하고 있다. 중심인물은 물리학자 야콥 체르바트 Jakob Chervat 교수이다. 체르바트는 국가적 지원을 받는 비밀 연구소에서 핵에너지를 연구하는 책임을 맡고 있다. 국가 고위위원회의 자문위원이기도 한 그는 핵에너지를 평화적 목적에 사용하는 연구를 하고 있지만 그의 연구는 엄청난 파괴력을 지닌 무기개발에 이용된다. 정부의 고위직에 있는 그의 상관 자르키스 Sarkis는 가공할 파괴력을 지닌 핵무기로 적을 선제공격해야 한다는 확고한 입장을 가지고 있다. 이 두 사람을 중심축으로 등장인물이 두 그룹으로 나뉜다. 하나는 매우 위험한 과학기술을 그 어떤 양심의 가책도 없이 개인적 또는 국가적 이해관계와 목적을 위해 거리낌 없이 사용하는 이들이고, 다른 하나는 기술의 진보와 발전에 회의를 보이며 이들에 저항하는 이들이다. 체르바트는 처음에는 전자의 그룹에 속하다가 극이 진행되면서 후자의 그룹으로 이동한다. 그는 자신의 과학적 연구가 인류에게 도움이 된다는 확고한 믿음을 지닌 과학자이자 정부기관의 적극적인 후원을 받는 친정부 인사에서 과학자의 사회적 책임을 자각하고 자신이 초래한 위험을 막기 위해 적극적으로 행동하는 지식인으로 변모한다.

과학기술의 발전이 인류의 생존을 위협하는 방향으로 발전하게 된 데에는 과학자와 정치가의 책임이 크다. 『먼지 무지개』에는 이들을 대표하는 인물들을 통해 인류의 생존을 위협하는 문제가 무엇인지 드러난다. 체르바트의 상관인 자르키스, 생물학자이자 의사인 람바허 Lambacher 그리고 사제 란델로 Randello등이 부정적 인물에 속한다. 이들의 공통점은 인간과 사물에 대해 냉혹하고 목적중심적인 태도를 지니고 있다는 점이다. 이들은 인간과 자연에 대한 어떤 애정도 연민도 지니고 있지 않다. 대신 인간이나 세계를 철저하게 자신의 목적을 위한 도구로 바라본다. 이들은 석유가 매장된 유전이 필요하면 "그걸 가진 이들에게서 빼앗"고, 노예가 필요하면 "인간을 사냥"하고, 핵폭탄 폭발실험을 위해 섬이 필요하면 "그것을 찾아내어 주민들을 이주시키거나 전멸시키는" 것이 자신들의 당연한 "권리"라 생각한다.(Jahnn, 1998:446)

이들 부정적 인물을 통해 비판되고 있는 첫 번째 주제는 기술만능주의자로서의 과학자의 맹목성이다. 이를 대표하는 인물이 생물학자이며 의사인 람바허이다. 그는 인간의 생명을 다루는 의사임에도 불구하고 인간을 실험대상으로만 바라본다. 생태계에 대한 고려나 실험대상에 대한 배려 없이 오로지 자신의 이론을 발전시키고 현실화 시켜보려는 욕망에 사로잡힌 인물이다. 유전자 변형과 유전자 조작을 통해 새로운 종을 창조하려는 람바허를 통해 한스 헨리 야은 기술만능주의가 현대 사회에 어떤 위험을 가져올지 보여준다.

람바허는 방사선을 쬐어 생식유전자의 염색체수를 늘리는 실험을 통해 거대 잠자리를 부화시키는 데 성공한다. 기존 잠자리보다 8배나 큰 이 거대 잠자리는 유충일 때 하루에 "40마리에서 60마리의 올챙이"(Jahnn, 1998:350)를 먹어치우는 왕성한 식욕을 가지고 있고 부화한 후에는 엄청난 양의 나비를 집어삼킨다. 이 대형 잠자리를 람바허는 대량으로 부화시켜 자연에 내보내려고 한다. 왕성한 식욕과 파괴욕을 지닌 이 거대한 괴물이 어떤 치명적 영향을 생태계에 미칠 것인지에 대해 람바허는 조금도 생각하지 않고 오로지 자신의 실험이 수많은 시행착오와 실패 끝에 마침내 성공한 것만을 기뻐하며 이를 대단한 업적으로 자랑한다. 거대한 잠자리의 실체를 직접 눈으로 본 후 체르바트는 "살아 있는 생물에 대한 실험"의 문제점과 과연 "인간이 창조물을 수정하고 확대할"(Jahnn, 1998:349)수 있는 것인지 질문하며 "과연 그것이 인간에게 허락된 일인지"(Jahnn, 1998:352) 회의를 나타낸다.

> **이 잠자리의 크기나 파괴욕은 그들의 조상을 생각나게 합니다.** (공룡시대의 거대한 -필자) **그들의 조상들은 -어떤 이유에서였는지- 멸종되어 버렸지요. 갑자기 제게는 연구에서의 진보가 현실을 이미 한차례 폐기된 것으로 다시 되돌리려는**

것이 아닌가 하는 생각이 듭니다. (Jahnn, 1998:351)

인간이 과학기술을 통해 새로운 종을 만들어내는 것이 진보가 아니라 역행, 즉 생태계 법칙에 따라 자연스럽게 도태된 생물체를 다시금 인공적으로 불러와서 생태계를 교란시키는 역행임을 지적하는 체르바트의 문제의식을 람바허는 조금도 지니고 있지 않다. 오히려 그는 잠자리 실험 성공에 고무되어 그 실험을 인간에게 적용하여 새로운 인간 종을 만들어 내고자하는 시도를 감행한다. 원시 부족의 유일한 생존자인 티리파를 상대로 람바허는 생체실험을 감행한다.[17] 잠자리에 적용한 실험을 살아있는 인간인 티리파에게 시도하려 그의 피를 뽑고 방사선을 주사한 음식을 먹이며 마치 실험동물처럼 취급하는 것을 보고 체르바트는 아들을 시켜 티리파를 자신의 집으로 데려가도록 한다. 자신의 실험 대상을 잃고 한탄하는 람바허의 반응은 맹목적인 과학자의 전형적인 모습을 보여준다.

17) 티리파는 란델로가 원시림 속에 사는 인디언 부족에게 기독교를 전파하러 갔다가 데려온 청년으로 자신의 부족 중에서 유일하게 남은 생존자이다. 원시림의 인디언들은 란델로의 가르침에 따라 기독교로 개종했지만 나중에 그들이 사는 땅에서 석유가 발견되자 백인들은 원시림을 없애려했다. 이에 맞서 원주민들이 숲을 지키려 저항했지만 백인들은 그들을 모조리 학살해버렸다. 란델로는 자신의 통역인 티리파를 숙소에 묶어두어 목숨을 구해 자신의 나라로 데려와 람바허에게 넘긴 것이다. 티리파의 에피소드는 이 작품의 주제가 얼마나 다양한지 말해준다. 한스 헤니 얀은 과학기술이나 핵에너지 문제, 유전자 조작, 냉전의 갈등 등의 문제와 함께 서양제국주의와 기독교 선교의 문제까지도 이 작품을 통해 문제 삼고 있다.

티리파, 그를 나는 내 생각대로 변형시키고 확대시키려 했습니다. 하나의 인간 또는 인간의 씨앗을 창조해 보겠다는 이 꿈이 이제 끝장나 버렸습니다. (Jahnn, 1998:359)

새로운 인간을 창조하겠다는 람바허의 모습은 신의 영역인 생명창조에 도전하는 오늘날의 생명공학자와 유전학자들의 모습을 선취하고 있다. 오늘날 과학자들은 유전자 조작을 통해 건강하고 똑똑한 아이들만을 태어나게 하거나 줄기세포 복제를 통해 장기를 만들어내고 더 나아가 동일한 인간을 복제하는 연구에 매진하고 있다. 그러면서 자신의 연구가 어떤 치명적인 위험을 전 인류와 생태계에 가져올 것인지에 대해 성찰하지 않는다. 과학자들이 그렇게 된 것은 자신의 연구와 그 결과에 대한 성찰을 하지 않기 때문이다. 얀은 바로 이 성찰하지 않는 목적중심주의적 또는 연구지상주의적 과학자의 문제를 람바허를 통해 비판하고 있는 것이다.

기능주의적이고 목적중심적인 과학자의 문제는 다른 장면에서도 드러난다. 8장에서 람바허와 자르키스, 정부 고위관료, 군 장성, 과학자가 참석한 회의장면이 묘사되고 있는데 이 회의의 주제는 전쟁이 벌어질 경우 어떻게 대처할 것인가이다. 핵전쟁이 벌어질 경우 지상의 거의 모든 것이 파괴되고 방사능에 오염될 것이기에 이미 파놓은 삼 천 개의 지하 벙커에 대피시킬 이들을 어떻게 선별할 것인가가 이들의 논의 주제이다. 람바허는 생식력이 강한 젊은이들을 연말까지 선별하고 이후 매년 두 차례씩 신체검사를 실시해 문제 있는 이는 탈락시키고 좀 더 젊은 사람을 보충하는 방식으로 최상의 집단구성을 유지해야 한다고 주장한다. 또한 방사능의 영향이 상당히 클 것이므로 전쟁 전에 미리 정자은행을 만들어 건강한 정자들을 다량 확보해 두어야 한다는 제안을 한다. 그가 바라보는 인간은 피와 살과 감정을 지닌 인간이라기보다는 자신의 연구목적을 위한 도구 또는 민족을 건강하게 존속시키기 위한 생식도구에 불과하다.

유전자 조작을 통한 생물 종의 변형은 얀이 이 작품을 쓸 1950년대에는 거의 문제가 되지 않았던 주제이다. 하지만 오늘날 유전자 변형은 생태계의 질서를 파괴할 수 있는 매우 위험한 요인으로 인식되고 있다. 온갖 곡식과 동물들에게 가해지는 유전자 조작과 변형이 결국에는 생태계와 인간에게 치명적 위험을 가져올 수 있다는 우려가 점점 현실화되고 있다. 더 나아가 줄기세포를 통한 생명체 복제가 가능해지면서 인간복제의 문제 역시 커다란 쟁점이 되고 있다. 이들 문제의 중심에는 유전자 변형과 복제를 통해 부를 축적하겠다는 자본가와 이들의 지원을 바탕으로 자신들의 연구를 관철시키려는 과학자들이 있다. 이들에게 생태계의 파괴나 생명질서의 혼돈, 미래의 재앙 따위는 염두에 없다. 유전자 변형과 생명 복제를 통해 점점 파멸로 향해가는 오늘날의 문제를 얀은 이미 1950년대에 간파하고 이를 선취하여 문제제기를 한 것이다.

『먼지 무지개』에서 다루고 있는 두 번째 주제는 과학만능주의와 정치가의 야욕이 결합될 때 어떠한 파국적 결말을 초래할 수 있는지에 대한 문제제기이다. 람바허와 같은 맹목적인 과학자나 체르바트와 같은 과학맹신주의자를 고용하고 지휘하며 이들의 연구 결과를 정치적으로 활용하는 자르키스와 같은 정치가가 어떤 치명적 위험을 인류에게 안길 수 있는가를 『먼지 무지개』는 보여주고 있다. 자르키스는 유럽의 제국주의와 인종주의, 파시즘과 대량학살, 냉전적 사고를 체화한 전형적 인물이다. 그는 기본적으로 "인간을 멸시하는 자"(Jahnn, 1998:443), 즉 냉혈한이다. 그는 냉철한 계산을 바탕으로 자신의 논지를 펼치지만 그의 계산에는 "그 어떤 양심도 없고 다만 경직된 목적"(Jahnn, 1998:444)만이 있을 뿐이다.

앞서 언급한 8장에서의 핵전쟁 대책회의에서 군 장성이 오히려 핵전쟁이 일어났을 경우의 예측결과를 들어 우려를 표명한다. 삼천 개의 지하벙커에 수용할 수 있는 인원은 60만에서 70만 명뿐이며 도시는 모두 파괴되고 시골 역시 모두 방사능에 오염되어 인간이 살 수 없는 곳이 될 것이므로 "이러한 계산 결과는 우리의 자제를 요구하고 있습니다"(Jahnn, 1998:430)라고 우려를 표명하자, 자르키스는 선제공격을 할 경우 피해를 덜 입을 수 있다며 지금의 군사력의 우위를 활용해야 한다고 주장한다. "이 세상에서 살아남을 수 있는 가능성은 (...) 우리가 지닌 군사력의 우위를 지금 사용해야만 우리 것이 되는 거요. 기다린다는 것은 굴복과 포기 그리고 적에게 지는 것을 의미하오."(Jahnn, 1998:431)

선제공격을 해야 한다는 그의 주장은 철저한 계산, 그러나 반인간적, 반생태적 계산을 바탕으로 하고 있다. 지금 여러 국가에서 보유하고 있는 무기만으로도 이미 지구의 생명체를 모두 사라지게 만들 수 있으며, 자신의 나라는 지금 적대국과 첨예한 대립을 하고 있다. 따라서 상대방이 먼저 공격을 해올 가능성이 상존한다. 상대방이 먼저 공격할 경우 우리는 초토화되고 살아남기가 힘들다. 그렇다면 해결방법은 먼저 공격하는 것이다. 지금 마침 우리는 레이저 광선을 쏘아 적의 핵미사일을 공중에서 폭파시킬 수 있는 무기개발에 거의 성공했다. 이것이 완성되는 대로 선제공격을 하면 비록 적의 핵무기 모두를 공중에서 폭파시킬 수는 없지만 그래도 어느 정도의 피해를 줄일 수 있다. 대신 적을 전멸시킬 수 있다고 그는 주장한다. 그의 사고는 철저히 이분법적이다. "우리가 살아남기를 바란다면 우리는 (다른 이들을) 파멸시켜야 한다. 살아남는 사람들은 우리 중의 일부여야지, 적의 일부여서는 안 된다."(Jahnn, 1998:445)[18]

---

18) 자르키스의 주장은 1980년대 신냉전 시대에 미국과 소련이 핵무기 증강 경쟁을 펼치며 핵전쟁의 위험이 증대되었을 때 레이건 정부가 추진한 위성방어시스템을 연상시킨다. 핵전쟁이 벌어질 경우 소련에서 발사한 대륙간 핵미사일을 미국에서 또 다른 미사일을 발사해 대기권에서 폭발시키면 된다는 계획이었다. 따라서 핵전쟁을 두려워할 이유가 없다는 것이 이 계획의 바탕이었다. 또는 근래 미국에서 추진하는 미사일 요격 시스템인 미사일 방위 계획 MD(missile defense)을 선취한 것처럼 보인다.

자르키스의 강경주의는 인종주의와 결합하면서 더욱 커다란 문제를 야기한다. 그가 자신의 민족 대다수가 죽음을 맞이할 수도 있는 핵전쟁에 적극 찬성하는 것은 그의 인종주의적 입장과 밀접한 관련이 있다. 그의 인종주의는 또한 신맬서스주의와 결합하여 파시즘적 성격을 지닌다. 현재 지구상에는 인구가 너무 많아서 이대로 가면 다음 세기에는 인구가 3배가 된다. 이를 줄이지 않으면 모두에게 큰 어려움이 생길 것이며 이 문제를 간과하거나 평화적 방법으로 해결하려고 하면 "흑인종, 황인종, 갈색인종들에게 이득"(Jahnn, 1998:455)만 줄 것이라는 것이 그의 의견이다. 이들 다른 인종의 숫자가 급격히 늘어날 것이기에 이대로 둔다면 백인들은 그들보다 "힘없고 가난한 민족"(Jahnn, 1998:455)이 된다.[19] 이러한 상황을 방지하려면 인구조절을 하는 수밖에 없는데 유일한 방법은 "폭력"과 "인종말살"(Jahnn, 1998:444)밖에 없다. 이를 통해 백인들의 세상을 보존해야만 한다는 것이 그의 주장이다.

자르키스의 입장은 신맬서스주의의 부정적 측면을 극대화해서 보여준다. 지구 생태계가 감당할 수 없을 정도로 인

19) 자르키스의 주장은 2010년에 출간되어 격렬한 논쟁을 야기한 틸로 짜라친 Thilo Sarrazin의 『독일이 사라지고 있다 Deutschland schaft sich ab』에서 다시금 제기된다. 짜라친은 독일인의 출생률이 감소하는데 비해 독일내의 이슬람인들 특히 터키인들의 출생률은 증가하고 있으며 이와 더불어 이슬람인들의 지속적인 유입으로 독일은 머지않아 이슬람인들이 다수를 이루는 나라가 될 것이라는 도발적 테제를 내세웠다. 이 책이 150만부나 팔렸다는 사실은 이 문제가 아직도 진행 중임을 말해준다.

구가 늘어나면서 많은 문제를 야기하고 있는 것이 현실이다. 그래서 생태주의에서도 인구문제를 중요한 현안으로 다루고 있다. 맬서스는 1789년에 발표한 「인구에 대한 에세이」에서 식량 공급은 산술급수적으로 증가하지만 인구는 기하급수적으로 증가하기에 식량 공급이 늘어나도 인구 성장을 따라갈 수 없다고 보았다. 자연의 부양능력에 비해 인구가 과도할 경우 많은 문제를 야기할 것이기에 "질병, 기근, 전쟁과 같은 인구 팽창에 대한 환경적 제재들"로 인구 증가율을 낮추거나 "절제, 피임, 만혼 등을 통하여 출생을 조절"해야 한다고 주장하였다.(머천트, 2001:59) 신맬서스주의는 이를 좀 더 확대하여 식량뿐 아니라 모든 자원과 생태계 전체의 부양능력이 인구와 어떤 관계를 가지는가를 다루고 있다. 신맬서스주의자인 파울 에를리히는 "지구온난화, 산성비, 오존층 파괴, 전염병에 대한 저항력 약화, 토양과 지하수 고갈" 등과 같은 모든 환경문제가 인구 문제에서 비롯된다고 본다. 그래서 '인구 폭발'[20]을 해결하기 위해 "유일하게 남아있는 문제는 산아제한과 같은 인간적인 방법을 통해 멈춰질 것인가 아니면 자연적으로 잉여인구가 사라지는 방법을 통할 것인가"(머천트, 2001:57) 뿐이라고 주장한다. 그런데 문

20) 1만 년 전 세계인구는 500만 명 정도였지만, 1804년에 10억 명으로 늘어났고, 이후 가파르게 증가하여 1960년에 30억, 1999년에 60억이 되었다. 이후 12년 만에 10억이 늘어나 2011년 11월에 70억이 되었다. 이 추세로 계속 증가한다면 2040년에 120억이 될 것이라 한다. 머천트의 책 56-57쪽 참조.

제는 인구의 규모를 적정선에서 유지하고 통제하기 위해 어떤 조치를 취해야 할 것인가이다. 인구증가가 생태계 위기를 가져오기에 적절하게 제한해야 한다는 전제에서는 동일하지만 이를 어떤 방법으로 해결해야할 것인지에 대해서는 여러 입장으로 갈라진다. 『먼지 무지개』의 주인공 체르바트처럼 전세계 국가들의 합의와 합리적 제도로 이 문제를 해결해야 한다는 입장도 있지만, 자르키스처럼 강제적이고 제국주의적인 입장도 있기 때문이다. 이들은 상호동의에 의한 억압보다 더 직접적인 억압조치가 필요하며 국가가 강제로 인구를 통제하고, 낙태, 안락사, 불임을 강제해야 하고 특히 사회적 생물학적 약자에 대한 강제불임을 하고 산아제한을 하지 않는 제3세계에 대해서는 원조를 중단해야 한다는 주장까지 펼치고 있다. 환경문제와 인구문제를 밀접히 연결시킨 것이 1970년대 이후인데 한스 헤니 얀은 이미 1950년대에 『먼지 무지개』에서 이 문제를 다루고 있으며 잘못 방향을 잡을 경우 어떤 위험을 가지고 있는지 자르키스를 통해 보여주고 있다. 자르키스로 대변되는 제국주의와 인종주의, 파시즘과 냉전적 사고가 과학과 결합되었을 경우 어떤 파국적 결과를 가져올 것인가 경고하고 있는 것이다. 얀의 작품은 특히 "핵문제가 다른 생태학적 문제들, 즉 인공수정이나 유전자 조작과 같은 주제들과 어떻게 연결되어 있는가를 분명하게 보여"(Krüger, 2001:38)주었다는 점에서 선구적 작업이라 할 수 있다.

자르키스는 레이저 방어 무기가 완성되는 대로 올해 안으로 선제공격을 준비한다. 이러한 입장이 2차 대전의 핵무기 투하를 가져왔고, 전후 소련과 미국의 핵무기 개발 경쟁을 불러왔으며, 인류를 핵전쟁의 위험에 빠뜨렸다.

2) 약자들의 동맹

과학에 대한 확신을 갖고 모든 것을 과학적으로 해결할 수 있다고 생각하던 체르바트는 극이 진행되면서 자신의 연구가 자기 가족뿐만 아니라 인류 전체를 파멸로 이끌 수 있다는 점을 인식하고 변화한다.

체르바트는 오지에 있는 원자력발전소 하나가 폭발하여 87명의 사망자가 난 것을 알고 있었지만 처음에는 자신의 연구에 대해 회의하지 않는다. 이 사건에 대해 그는 비록 사망자 수가 "매우 높지만" 과학발전을 위한 희생으로 여기고 "끔찍한 일을 감수"(Jahnn, 1998:333)해야 한다는 입장이었다. 하지만 자신을 찾아온 신문편집자이자 어린 시절의 친구 두카세 Ducasse가 그 발전소 폭발로 8천명이 목숨을 잃었다고 폭로하자 자신의 입장을 회의하기 시작한다. 원자로 폭발로 1초 만에 8천명의 희생자가 났다는 말을 듣고는 혼란에 빠져 이 사실을 자신에게 숨긴 자르키스에게 항의하지만 그로부터는 "당신을 지켜주려 했기"(Jahnn, 1998:339)에 언론까지 통제하며 사실을 축소했다는 대답만을 들을 수 있었다.

체르바트 : 그러면 왜 내게 87명이라는 숫자를 댄 것입니까?

자르키스(단호하게): 그 숫자는 일말의 진실을 말해주고 있소. 신원을 확인할 수 있었거나 형체를 알아볼 수 있었던 사람들이 87명이었소. 나머지는 흔적이 없었소. 먼지, 누런 먼지만 남아있었소. 어디론가 사라져버렸소.

(Jahnn, 1998:340)

사고의 참상에 대한 묘사는 히로시마의 원자폭탄 폭발이 불러일으킨 끔찍한 비극을 연상시킨다. 단 한 발의 원자폭탄으로 히로시마에서 7만 명이 즉시 사망했는데 폭탄이 폭발한 중심지에 있던 사람들은 흔적도 없이 증발해 버리고 다만 계단이나 보도에 검은 흔적만이 남아있었다고 한다. 이것을 <아토믹 섀도우 Atomic Shadow>라 하는데 지금도 히로시마에는 이 흔적이 여럿 남아있다.[21] 이처럼 인간이 상상할 수 없는 초현실적 비극이 히로시마에 일어난 것이고 그 충격적 사건이 앞으로도 얼마든지 일어날 수 있음을 한스 헤니 얀은 이 장면묘사를 통해 경고한다.

체르바트와 자르키스의 위 대화를 통해 두 사람의 입장

21) 인터넷을 검색하면 아토믹 섀도우에 대한 사진이나 영상을 확인할 수 있다. 계단에 앉아있던 사람이 증발해 형체도 없이 사라져 버리고 그 자리에는 검은 흔적만 뚜렷하게 남아있는 사진은 섬뜩하다. 이 사진은 원자폭탄이 결코 이 세상에 존재해서는 안 될 물건임을 우리에게 말없이 호소하고 있다. http://www.youtube.com/watch?v=4PUlD3V8mIE

이 분명하게 대립되기 시작한다. 체르바트는 비로소 자신의 과학적 연구가 가공할 위험을 인류에게 가져올 수 있음을 깨닫고 이 문제를 심각하게 받아들인다. 이번 사고로 8천 명의 사망자가 났지만 방사능이 주변으로 퍼져나감으로써 수만 명이 방사능에 오염되어 죽어갈 것을 예견하며 자신이 연구하는 핵에너지가 "세상에서 가장 강력한 것"(Jahnn, 1998:342)임을 새삼 깨닫는다. 그가 한 일이 단순한 연구가 아니라 인류의 생존, 즉 과연 "인류에게 미래가 있을 것인가의 문제"(Jahnn, 1998:342)와 직결된다는 사실을 깨달은 것이다. 이를 통해 체르바트는 비로소 자신과 자신의 동료들이 어떤 일을 하고 있는가를 인식하기 시작한다.

기술발전과 과학에 대한 체르바트의 회의는 람바허의 실험실에서 유전자 조작으로 탄생한 거대한 잠자리를 목격하고 더욱 분명해지고 마침내는 새로 태어난 딸이 방사능의 영향으로 기형아임을 확인하면서 최고조에 이른다. 새로 태어난 아이는 인간이라고 도저히 부를 수 없는 거의 형체가 없는 살덩이의 모습을 하고 있다. 체르바트의 아들 엘리아가 묘사하는 이 아이의 모습은 끔찍하다.

> **그러니까 작은 여자아이야. 하지만, 그 아이는 볼 수도, 들을 수도, 느낄 수도 없어. 아무런 맛도 느끼지 못하고, 배고프거나 배부른 것도 모르고, 덥고 추운 것의 차이도 알지 못하지. 아무것도 느끼지 못해. 아이에게 너무 많이 먹여도 되**

> **고, 배를 곯게 나둬도 돼. 그 아이에게 상처를 내고, 불에 그슬리고, 산 채로 해부해도 아무 것도 느끼질 못해.**
>
> (Jahnn, 1998:393)

방사능의 영향으로 "존재 아닌 존재 Nichtswesen"(Jahnn, 1998:393)로 태어난 갓난아이가 다시 람바허의 실험대상이 되는 것을 막기 위해[22] 체르바트의 부인은 베개로 아이의 입을 틀어막아 목숨을 끊는다. 이 비극적 사실을 통해 체르바트는 자신의 아이가 기형아가 된 것이 방사능의 영향 때문임을 인정한다. 그리고 아들의 친구이자 겉으로는 매우 건장한 청년인 아란 Arran 역시 불임 판정을 받은 불구임이 밝혀지자 방사능에 의한 피해가 얼마나 심각한지 깨닫게 된다. 이를 통해 그의 인식은 커다란 변화를 겪는다. 우선 그는 자신의 연구가 어떤 파괴적 결과를 가져왔는지 반성한다. "물질과 비물질을 서로 충돌시키면 '불덩이'의 무(無)를 만들어낼 수 있으리라는 생각"(Jahnn, 1998:419)이 결국 현실화되어 가공할 위력을 지닌 무기로까지 발전한 것을 보며 그는 "자신이 새로운 가능성을 위한 토대를 함께 만들어냈다"(Jahnn, 1998:420)는 자책을 한다. 두카세의 말처럼 "이론물리학의 연구결과가 우리를 파멸 가까이로 이끈 것"(Jahnn, 1998:419)

---

22) 체르바트는 두카세에게 아이 이야기를 하며 자기 부인이 "아이가 실험대상 -실험실의 사물이 되는 것을 막기 위해"(423쪽) 아이를 살해한 것이라 설명한다.

이다. 이 부분은 상대성원리를 발견하여 결과적으로 원자폭탄 제조를 가능케 한 아인슈타인을 연상하게 한다. 물론 그는 아인슈타인과 달리 이론적 토대뿐만 아니라 실제로 핵분열을 이용해 에너지를 생산해 내는 작업에도 참여하기에 더 커다란 역할을 하고 있다. 아인슈타인이 직접적으로 원자폭탄 제조에 참여하지 않았지만 반핵운동의 편에 섰던 것처럼 체르바트도 자신의 책임을 자각하고 인류에게 닥친 위험을 막아보려 시도한다. 체르바트가 우려하는 것은 두 가지이다. 하나는 정부에서 핵에너지 생산을 다섯 배 늘리려고 원자로에 추가로 열을 가하려 하고 있는데 이를 통해 다시 한 번 원자로 사고가 날 위험이 크다는 것이다.

> **지금 사람들이 에너지 생산을 다섯 배로 늘리려 하고 있네. 원자로에 열을 가하는 것을 통해서 말일세. 냉각로가 녹아내려 어느 외진 장소에서 두 번째 참사가 일어날지도 모르네.** (Jahnn, 1998:415)

두 번째 우려는 지구상의 생물체를 열다섯 번이나 날려버릴 수 있을 만큼의 핵무기를 가지고 있기에 인류가 순식간에 파멸의 구렁텅이에 빠질 수 있다는 사실이다.

> **우리가 사용할 수 있는 폭력수단으로 우리는 지구상의 생명체를 열다섯 번 또는 삼십 번 또는 오십 번이나 멸종시킬**

수 있어. 우리의 잠재적인 적이 지니고 있는 능력으로도 열 번, 스무 번 또는 삼십 번이나 가능하고. 그러나 한 번이면 충분해. 이게 바로 오래 전에 도달한 힘의 균형이라는 것이네.

(Jahnn, 1998:421)

인류를 멸종시키고도 남을 핵무기를 다량으로 보유하고 있는데 여기에 더해서 정부는 그것을 훨씬 넘어서는 더욱 강력한 무기를 개발하고 있다. 체르바트는 지금 정부가 서둘러 추진하고 있는 새로운 무기가 개발되면 그것은 결국 모두를 파멸로 이끌 전쟁으로 이어질 수밖에 없으리라 걱정한다.

그래, 새로운 무기지. 상상할 수 없을 정도의 강한 방사능을 내뿜는 물건을 제조하는 작업을 오랫동안 해왔네. 그것은 자외선 진동파를 방출해 1초도 안 되는 순간에 반경 수백 킬로미터 내의 모든 대상을 파멸시킬 수 있다네.

(Jahnn, 1998:416)

체르바트는 결국 이런 "끔찍한 일"이 벌어지는 것을 모든 수단을 동원해서 막아야겠다는 결심을 한다. 그의 시도는 구조나 체계 또는 정부에 대한 저항이라기보다는 잘못된 생각에 빠져 "철저한 파괴"를 추진하는 이들과 맞서는 일이다. 새롭고 강력한 무기개발을 통해 힘의 우위를 차지해야

오히려 전쟁을 예방할 수 있으며, 새로운 무기를 사용해서라도 적을 제압해야 한다는 강경론자를 제거해서라도 위험을 막아야 한다는 것이 체르바트의 입장이다.

이러한 입장을 가지고 있는 이는 체르바트만이 아니다. 그의 아들이 친구 아란과 티리파와 함께 저항그룹을 결성한다. 이들의 공통점은 마지막 종족이라는 것이다. 즉, 젊은 청년임에도 방사능 오염에 의한 생식불능으로 더 이상 후손을 얻을 수 없거나 자신의 민족 중에서 혼자 살아남은 마지막 인물이다. 이들은 서로의 운명에 깊은 공감을 느끼고 일종의 운명공동체를 결성한다. 이들은 자신들이 처해 있는 상황을 정확히 인식하고 있다. 자신들에게 주어진 천형이 하늘에서 주어진 것이 아니라 인간의 오만과 과학기술에 의해 만들어진 것임을 직시하고 그 상황에 저항하기로 결심한다.

> **아란 : 우리는 이미 여러 번 우리 자신을 자세히 관찰하였고, 우리의 운명에 대해 - 가능한 미래에 대해 심사숙고했어. (...) 이제 우리는 사람들이 우리에게 부과한 모든 삶의 규칙들을 내던져 버릴 준비가 되어 있어. 체르바트 부인의 예는 우리를 위한 교훈을 담고 있어.** (Jahnn, 1998:396)

정부에 의해서 조직되고 엄격한 보안시스템이 작동되고 있는 연구소 지역 한가운데에서 저항조직이 생겨나 어떻게든 인류를 파멸로 이끌 위험을 사전에 막아보려는 시도가 이루어진다. 이 "약자들의 동맹"(Jahnn, 1998:438)은 냉철한 사고나 이론을 통해 결성된 것이 아니라 가족이나 친구 더 나아가서 동시대인들의 고통을 함께 느낌으로써 가능해졌다. 이는 기술이나 과학이 인간의 감정을 배제하고 인간의 고통을 외면함으로써 대량살상을 가져올 무기를 아무런 거리낌 없이 만들었다는 반성에서 도출된 새로운 해결방안이다. 얀은 그래서 "사고하는 능력"이 아니라 "공감하고 함께 아파하는 능력"을 대안적 가치로 내세운다.

> **얀은 인간적인 것을 정신, 사고, 기술, 과학에서 찾지 않는다. 이것들은 인간을 오만으로 이끌고 척도를 잃어버리게 만들 따름이다. 얀에 따르면 사고하는 능력이 아니라 느끼고, 공감하고, 함께 아파할 줄 아는 능력이 인간성의 바탕을 이뤄야 한다.** (Eppler, 1984:14)

『먼지 무지개』의 갈등구조는 위 두 유형의 인물들의 대립에서 생겨난다. 양쪽의 대립은 극이 진행되면서 서서히 고조되다가 마지막 장에서 격렬하게 부딪혀 파국을 맞는 전통적 드라마 문법을 따른다. 마지막 장에서 체르바트와 자르키스는 양쪽 유형의 대표자로 결코 화해할 수 없는 대립적 인물로 등장한다.

체르바트는 선제공격은 곧 인류의 파멸일 뿐만 아니라 지구상 생명체의 멸종을 의미하기에 평화적 해결을 모색해야한다는 입장이다. 극의 진행과 함께 자기성찰과 인식변화를 체험한 체르바트는 이미 이런 자신의 생각을 행동으로 옮긴 상태이다. 우선 대통령과 국방장관에게 편지를 보내 무슨 일이 있어도 전쟁을 피해야 하며 "전쟁을 피하기 위해서 어떻게 그리고 어떤 순서로 협상을 진행해야 할 것인지"(Jahnn, 1998:452)를 호소한 것이다. 두 인물의 극단적 대립은 바로 파국으로 이어진다. 자르키스는 "매우 강력하며 아마도 우리나라의 대통령보다도 더 막강한 힘"(Jahnn, 1998:446)을 가졌기에 실제 핵전쟁을 감행할 수가 있다. 그래서 체르바트는 준비한 마지막 카드를 꺼내든다. 전쟁광인 자르키스를 제거하는 것이 코앞에 닥친 위험을 방지하는 길임을 인식하고 권총을 꺼내 자르키스를 저격하려 한다. 하지만 총을 쏘지도 못하고 수행원에 의해 저지당해 저격시도는 실패한다. 그때 책장 뒤에 숨어있던 인디언 청년 티피라가 칼을 들고 뛰어나와 자르키스를 찌른다. 피티라는 자르키스의 수행원이 쏜 총에 맞아 숨을 거두고, 그를 돕기 위해 뛰어나온 아란은 몽둥이에 맞아 쓰러진다. 자신의 계획이 실패했음을 알고 체르바트는 독약을 먹고 자살한다.

자르키스를 제거하려던 <약자들의 동맹>은 결국 티피라와 체르바트의 죽음으로 몰락한다. 심한 부상으로 피를 흘리며 죽어가는 아란까지 포함하면 이들의 저항시도는 무참히 무너져버렸다고 할 수 있다. 하지만 티피라의 칼에 찔려 의식을 잃고 병원으로 실려간 자르키스가 어떻게 되었는지 아무런 암시도 없이 작품이 끝난다. 『먼지 무지개』는 이렇듯 비극적으로 그리고 열린 결말로 끝난다.

한스 헤니 얀의 입장은 <약자들의 동맹> 편이다. 그럼에도 불구하고 이들의 시도가 비극적인 결말을 맞게 작품을 마무리한 것은 당시의 시대배경과 얀의 회의주의적 시각 때문이다. 얀이 이 작품을 쓴 1959년은 유럽의 많은 지식인들이 인류를 파멸로 이끌 핵전쟁을 막기 위해 성명서를 발표하고, 대규모 집회를 열었지만 소련과 미국은 그에 아랑곳하지 않고 더욱 핵무기 확대에 매진하여 핵전쟁에 대한 두려움이 점점 커지던 시기였다. 얀은 핵전쟁의 위험에 대해 연설과 에세이 그리고 호소문을 연속적으로 발표하였지만 동서냉전의 흐름을 바꾸기에는 자신의 힘이 역부족이며 세상이 점점 파멸을 향해 나아가고 있다고 생각하였다. 그런 상황을 보며 얀이 "인류의 역사가 계속 발전할 수 있을지에 대해 낙관적 예견을 할 수 없었음"(Smith, 1984:47)은 당연하다. 그렇기에 얀은 『먼지 무지개』에서 상황을 호도하지 않고 절망적이고 비극적으로 작품을 마무리한다. 하지만 약자들의 동맹이 시도한 저항이 철저한 실패로 끝난 것은 역설적 의미를 지닌다. 이들의 시도가 실패함으로써 오히려 독자나 관객들은 상황의 심각성을 느끼고 그것을 어떻게 해결해야 할 것인지 고민하게 만들기 때문이다. 얀은 카프카가 그랬고 나중에 에리히 프리트가 그랬듯이 절망을 통해 희망을 불러일으키려 한 것이다. 왜냐하면 절망적인 현실에도 불구하고 "저울대가 아직은 몰락의 쪽으로 기울어지지는 않았기" 때문이다.

체르바트의 저항이 실패한 것은 다른 한편으로 개인이나 소수의 집단이 치밀한 준비 없이 거대한 체제와 조직적 힘에 맞선 때문이다. 체제에 균열을 만들기 위해서는 보다 조직적인 계획이 필요하며 더 나아가서 체제를 움직이는 중심인물을 하나 제거한다 해서 문제가 해결되지 않고 체제 자체를 바꿔야 한다는 교훈을 체르바트의 실패는 보여준다. 그래야 람바허나 자르키스와 같은 인물이 영향력을 행사할 수 없기 때문이다.『먼지 무지개』에 등장하는 과학자나 정치가는 지금도 여전히 중요한 위치에서 중요한 결정을 내리는 사람들로 살아남아 있다. 한스 헤니 얀이 1959년에 제기한 문제가 지금도 여전히 지속되고 있는 것이다. 그것을 해결하는 것이 우리의 과제이다.

V

생태사회를 꿈꾸는 문학

– 생태소설 『에코토피아』와 『삼미 슈퍼스타즈의 마지막 팬클럽』

인간이 모여 사회를 이루고 살기 시작한 이래 수많은 국가체제와 사회체제가 명멸해왔다. 원시공동사회에서 부족국가로 그리고 절대왕정에서 공화정과 공화국으로 변모하였고 봉건사회와 자본주의 사회주의가 잇따라 등장하였다. 1990년대에 동구권 사회주의 국가를 시작으로 소련까지 몰락함으로써 사회주의가 체제경쟁에서 자본주의에 완패를 당한 후 이제 신자유주의와 자본주의는 그 어떤 경쟁자도 없이 지구촌 곳곳을 지배하게 되었다. 비록 미국발 금융위기로 자본주의가 흔들리는 징조가 보이기는 하지만 사회주의 몰락 이후 자본주의에 대적할 대안체제가 존재하지 않는 현 상황에서 자본주의 체제는 꽤 오래 지속될 것처럼 보인다. 자본주의에 맞서 그와는 완전히 다른 사회체제를 구축하려했던 사회주의 실험이 실패함으로써 자본주의는 그 어느 때보다 막강한 힘을 갖고 있다. 하지만 자본주의의 힘이 강하면 강할수록, 자본주의 질서가 전 세계 구석구석으로 퍼져나가면 나갈수록 그에 반대하는 목소리들이 여기저기에서 불거져 나오는 것도 사실이다. 이윤의 극대화를 모토로 하는 자본주의는 기본적으로 반휴머니즘적이기 때문이다. 그렇기에 자본주의에 반대하는 사회주의 이념이 공감을 얻을 수 있었고 사회주의 혁명이 성공할 수 있었던 것이다. 하지만 자본주의의 가장 강력한 반대자였던 사회주의가 몰락함으로써 이제 자본주의를 대체할 새로운 대안을 마련해야 할 필요성이 대두되고 있다.

자본주의를 대체할 새로운 대안으로 부각되는 것이 바로 생태주의이며 생태사회이다. 인류의 문명 자체가 생태계를 지속적으로 파괴해온 것은 사실이지만 자본주의의 등장과 기술문명의 발달과 함께 생태계 파괴는 가속화되어 이제 심각한 수준에 이르렀다. 요즘 지구촌 도처에서 일어나는 기후변화와 그에 따른 재앙들은 생태계에 적대적인 자본주의 체제를 근본적으로 성찰하게 만든다. 생태계 문제가 심각한 위기에 처하기 시작한 1980년대부터 자본주의와는 전혀 다른 대안사회를 만들기 위한 노력이 활발히 벌어진 이유도 여기에 있다. 인간과 자연의 관계를 근본적으로 문제 삼는 근본생태론에서부터 인간과 사회와의 관계를 재정립하려는 사회생태론 그리고 여성문제까지 생태주의에 포함하는 생태페미니즘 등으로 분화되어온 생태사상과 생태운동은 새로운 생태사회를 만들기 위한 다양한 성찰을 제기한 바 있다. 이들이 제안하는 생태사회는 생태계 위기를 어떻게 해결할 것인가에 따라 각기 다른 모습을 띠고 있지만 그래도 인간과 자연이 공존하고 지구상의 모든 동식물의 생명을 존중하며 지금까지와는 다른 경제, 정치, 교육, 문화, 사회 질서를 추구한다는 점에서는 공통적이다. 이들이 내세우는 새로운 사회는 자본주의와는 질적으로 전혀 다른 새로운 패러다임을 요구하고 있다는 점에서도 공통적이다. 그런데 자본주의를 대체할 새로운 사회의 모습을 구체적으로 그려보기란 어렵다. 아직 도래하지 않은 유토피아이기 때문이다. 그렇기에 대안사회로서의 생태사회를 그리는 데 문학이 커다란 역할을 해왔다. 문학은 생태주의가 주장하는 복잡한 내용을 상상력을 통해 이야기로 보여주기 때문에 생태사회의 모습을 훨씬 선명하게 그릴 수 있으며 또한 아직 현실에서는 실현되지 않은 사회를 실제 존재하는 세계로 만들 수 있기 때문이다. 이를 통해 문학은 자본주의 사회에 대비되는 대안사회를 구체적으로 보여준다. 이 장에서는 자본주의를 대신할 생태적 대안사회의 모습이 생태소설에서 어떻게 그려지고 있는지 어니스트 칼렌바크의 『에코토피아』와 박민규의 『삼미 슈퍼스타즈의 마지막 팬클럽』을 분석하여 밝혀보려 한다. 더 나아가서 그러한 대안사회에서 문학과 예술은 어떠한 모습일지 유추해 볼 것이다.

1. 『에코토피아』가 그리는 대안세계

어니스트 칼렌바크 Ernest Callenbach가 1975년에 발표한 『에코토피아』는 미래소설이다. 소설의 시간적 배경은 2000년대의 어느 날이다. 뉴욕의 신문기자 윌리엄 웨스턴이 그동안 금단의 땅으로 미국인들의 출입이 금지되었던 에코토피아를 방문해 취재하는 이야기가 주를 이룬다. 에코토피아는 20여 년 전에 캘리포니아와 워싱턴 주가 미연방에서 독립하여 건설한 국가이다. 이들이 독립한 이유는 생태학적 안정상태, 즉 인간과 환경의 조화를 창조하기 위해서였다. 이렇게 독립하여 20여 년간 고립생활을 한 에코토피아의 사회가 어떻게 달라져 있는가를 미국 신문기자의 눈으로 관찰하여 기록한 것이 이 소설의 내용이다.

에코토피아는 말그대로 <생태사회>로 미국식 자본주의 사회를 대체하는 대안사회이다. 모든 면에서 미국사회와는 다르다. 에코토피아 사회를 특징짓는 가장 큰 원칙은 느긋함과 즐거움이다. 이 원칙을 잘 말해주는 일화가 있다. 주인공 웨스턴이 에코토피아 언론인들이 함께 생활하는 생활공동체 코브에 들어가 살면서 설거지 당번을 맡게 되었을 때의 일이다. 웨스턴이 자신의 임무를 충실히 수행하기 위해 신나게 돌아다니며 접시를 싱크대에 나르다가 모두들 자신을 뚫어지게 바라보고 있는 걸 알아차린다.

> "맙소사", 로르나가 말했다. "이봐요, 윌, 지금 도대체 뭘 하고 있는 거에요? 달리기 경주라도 하나요?"
>
> 다른 사람들이 웃음을 터뜨렸다. 내 얼굴이 붉어졌다. 아니, 그런 기분이 들었다.
>
> "그게 무슨 소리요?"
>
> "당신은 마치 접시 수에 따라 돈을 받는 사람처럼 접시를 나르고 있잖아요. 그건 전혀 우리 방식이 아니에요."
>
> 그제서야 나는 주위를 둘러보고, 나를 제외한 다른 사람들 모두가 느긋하게 일하고 있는 것을 깨달았다. 롤라와 브리트는 교대로 설거지를 하고 번갈아 서로의 등을 문질러주는 일종의 놀이를 개발하였다. (칼렌바크, 1991:107-108)

웨스턴은 설거지를 빨리 해치우는 것이 중요하다는 생각에 "약간의 효율성"을 꾀한 것인데 이를 에코토피아 사람들은 이해하지 못한다. 그들에게는 "목표가 아니라 과정"이 중요한 것이고, "어떤 일이 할 만한 가치가 있다면 즐겁게 그 일을 해야 한다"는 원칙이 있기 때문이다. 그럴 경우 설거지 역시 귀찮은 일이 아니라 즐거운 일이 된다. 이러한 원칙이 바탕에 놓여있는 에코토피아 사회는 가치관이나 삶의 방식에서 자본주의 사회와는 근본적인 차이를 지닌다. 그중에서도 가장 커다란 차이는 노동에 대한 태도에 있다. 에코토피아는 독립한 후에 주당 20시간 근무제를 도입하였다. "청교도적 노동 윤리"(칼렌바크, 1991:71)가 몸에 배어있는 미국인의 눈에 일주일에 겨우 20시간만 일하는 에코토피아인들이 "무능하고 게으른 사람들"로 비치는 것은 당연하다. 에코토피아 역시 처음에는 청교도적 노동 윤리를 수정하는 데 많은 어려움을 겪었으며 노동시간 단축으로 인한 사회 경제적 혼란을 이겨내야 했다.

> **경제적 관점에서 볼 때, 에코토피아는 보다 열심히 일하는 나라들과의 경쟁을 피하기 위해 고립주의 정책을 채택하지 않을 수 없었다. 심각한 혼란이 오랫동안 에코토피아 경제를 괴롭혔다. 국민총생산은 3분의 1 이상이나 줄어들었다. 그러나 주당 근무시간 축소가 함축하고 있는 가장 심오한 의미는 철학적이고 생태학적인 것이었다.**
>
> (칼렌바크, 1991:71)

근무시간 축소가 "철학적이고 생태학적" 의미를 지니는 이유는 그로 인해 삶과 세계에 대한 근본적인 태도가 변하기 때문이다. 자본주의 사회에서 인간은 "생산을 위해 살아가는 존재"였다면 에코토피아 사회에서는 "생명을 가진 유기체들은 씨줄과 날줄로 짜여진 직물처럼 얽히고설킨 관계를"(칼렌바크, 1991:71) 이루고 있는 존재로 본다. 그렇기에 "인류의 행복은 지구상의 다른 생물들을 얼마나 많이 지배하느냐가 아니라 그들과 얼마나 균형을 이루며 조화롭게 살아가느냐에 달려있다"고 에코토피아인들은 믿는다. 이를 위해 그들은 "현재의 생활수준을 유지하거나 그보다 높이기 위해서는 노동 시간과 생산성을 무자비하게 늘려야" 하는 자본주의의 발전원리를 거부하고 "현재의 소비생활을 희생"(칼렌바크, 1991:71)할 뿐 아니라, "국민총생산의 급격한 감소"(칼렌바크, 1991:72)를 감수해야 한다는 입장을 갖고 있다. 주당 40시간이던 노동시간을 20시간으로 단축하면 한편으로는 노동생산성이 줄어들어 산업이 위축되지만 다른 한편으로는 "일자리를 두 배로 늘려"줌으로써 기존 산업이 축소되어 생기는 실업자를 흡수할 수 있다. 하지만 사람들의 "개인소득은 사실상 절반으로" 줄어든다.(칼렌바크, 1991:73) 소득이 줄어들면 당연히 현재의 소비생활을 유지할 수 없다. 해결책은 지금까지와는 다르게 즉, 소박하고 검소하게 사는 것이다.

미국인들의 풍요로운 생활은 과도한 에너지와 원자재 소비에 바탕을 두고 있다.[23] 하지만 70억이나 되는 인류 전체가 미국인들처럼 생활하려면 현재와 같은 지구가 20개 있어도 모자란다. 결론은 미국인들이 지구의 자원이나 환경에 비추어 반생태적으로 과도하게 잘살고 있다는 것을 의미한다. 지구 생태계를 위해서나 지구촌 동포들을 위해서나 잘못 살고 있는 것이다. 인류가 앞으로도 지구상에서 살아남

23) 미국 혼자서 매년 전 세계 에너지의 25%를 소비하고 있다. 미국인의 1인당 에너지 사용량은 7921kg으로 세계 1인당 평균 사용량 1631kg의 5배, 이산화탄소 배출량은 19.1톤으로 세계평균 4.9톤의 4배이다.

기 위해서는 또는 우리 후손에게 자연자원을 남겨주기 위해서는 지금까지의 과소비적 소비생활을 버리고 안빈낙도의 새로운 삶의 방식을 택해야 한다. 그 새로운 삶의 방식을 에코토피아인들은 실천을 통해 제시하고 있다. 에코토피아는 "미래의 생존"을 가장 중요한 원칙으로 삼고 있기에 기존의 과소비적 생활방식을 부정한다. 자연과 조화를 이루며 살기 위해서는 지금까지의 생산 및 소비 방식을 바꿔야 하기 때문이다.

> **가장 중요한 것은 자연과 조화를 이루며 살고자 하는 열망이다. 그들은 '땅 위를 가볍게 걷고', 대지를 어머니처럼 대하고 싶어한다. 이러한 윤리에 비추어볼 때 대부분의 산업 공정과 근무 시간 및 생산품이 수상쩍게 여겨지는 것은 전혀 놀라운 일이 아니다.** (칼렌바크, 1991:49)

자본주의는 성장이 없이는 지탱할 수 없다. 이윤의 극대화를 위해 효율성을 강조하고, 모든 작업공정이나 근무시간을 효율성에 맞추어 조정한다. 그 과정에서 인간은 노동기계로 전락하고, 자연은 상품생산을 위한 단순한 재화가 되어버린다. 이러한 상황에서 자연과 조화를 이루며 살 수는 없다. 그래서 에코토피아는 경제성장이 아니라 오히려 경제축소와 인구감소 정책을 시행한다. 필요한 최소한의 것들만 만들고 그것도 아주 단순하게 만듦으로써 비용을 절감하고, 썩는 플라스틱을 개발하여 환경오염을 방지하고, 찍어내는 집들을 도입하여 비용을 최소화할 뿐 아니라, 개인용 자동차의 제한과 공공교통기관 및 자전거의 활용, 상업광고 금지 등을 통해 친환경적이며 소박한 생활을 영위할 수 있는 기반을 마련하고 인구를 줄여 지방으로 분산시켰다. "경제적 혼란", 즉 "국민총생산의 급격한 감소"가 오히려 근본적으로 새로운 생활방식과 사회체제를 도입할 수 있게 만들어 "전화위복"이 된 것이다.(칼렌바크, 1991:72) 노동시간이 단축되고 도시의 복잡한 삶에서 해방되어 더 많은 여유시간을 갖게 된 에코토피아 국민들은 미국인들과는 다른 새로운 삶을 설계하고 영위할 수 있게 되었다. 웨스턴은 결국 그 사실을 인정한다.

> **그들은 나보다 더 잘 숨쉬고, 더 여유롭게 움직이는 것 같다.** (칼렌바크, 1991:50)

에코토피아인들이 경제축소와 인구감소를 오히려 바람직한 일로 받아들이는 이유는 그를 통해 새로운 삶이 가능해지기 때문이다. 미국인들의 가치관을 내면화한 웨스턴은 처음에 에코토피아인들의 생활과 생각을 접하고 당혹스러워 한다. "무엇에서 즐거움을 얻느냐"는 에코토피아 여인의 질문에 웨스턴은 자신의 일과 다른 사람들의 인정 그리고 사치스러운 생활에서 즐거움을 얻는다고 대답한다.

우선 힘을 갖고 있다는 것, 내가 하는 일을 통해서 많은 사람들에게 영향력을 행사할 수 있다고 생각하면 즐겁습니다. 다음은 내 뛰어난 글솜씨와 지성에 대한 자부심, 또 (...) 경륜과 독창성을 갖고 있다는 사실이 즐겁습니다. 그리고 나는 사치를 좋아합니다. 일류 레스토랑에서 식사를 하고, 최고급 옷을 사 입고, 가장 훌륭한 부류의 사람들과 사귀지요.

(칼렌바크, 1991:83)

웨스턴이 중요하게 생각하는 것들을 그러나 에코토피아인은 별로 중요하게 여기지 않는다. 대신 웨스턴에게 질문한 마리사의 말, "당신은 남자든 여자든 타인과 나누는 즐거움에 대해서는 말하지 않았어요"처럼 인간과 인간의 관계를 중요하게 생각한다. 잘 먹고 잘 사는것이 꼭 크고 넓고 좋은 집에서 커다란 자동차를 굴리며 고급 레스토랑에서 비싼 음식을 먹고 먼 곳으로 여행을 다니는 것이 아니라는 사실을 에코토피아인들은 알고 있다. 이러한 사실을 접하고 웨스턴은 우선 혼란을 느낀다. 그래서 자기 아이들이 이곳에서 태어나지 않은 게 다행이라는 생각을 한다.

애들이 에코토피아에서 태어났다면, 그들의 삶은 어떨까? 발레 교습도 받지 못하고, 스테이션 웨건도 타지 못하고, 백화점에 쇼핑하러 가는 일도 없을 것이다. 애들은 정원과 상점과 학교에서 어른 못지않게 힘든 일을 하게 될 것

이다. (칼렌바크, 1991:127)

하지만 웨스턴은 이러한 혼란 속에서도 에코토피아의 생활이 갖고 있는 장점을 인정한다. 에코토피아의 삶이 보다 현실적이며 인간들과의 관계 역시 좀 더 본질적이기에 이곳에서 아이들은 좀 더 행복하게 지낼 수도 있을 것임을 고백한다.

> 그러나 그것이 뉴욕보다 더 현실적인 세계라는 것은 인정할 수밖에 없다. 자연의 기본적인 과정과 더 잘 접촉하고, 같은 인간들과 좀 더 본질적인 관계를 맺는 것은 애들의 삶에 놀라운 변화를 가져다 줄 것이다. (칼렌바크, 1991:127-128)

> 이 나라의 몇 가지 측면은 매우 매혹적으로 여겨진다. 에코토피아는 도시조차도 너무 아름다워서 우리가 살고 있는 지옥 같은 곳과는 뚜렷한 대조를 이룬다. 이곳 생활의 일부 측면은 나를 감동시킨다. (칼렌바크, 1991:242)

웨스턴의 변화는 그가 에코토피아의 삶이 지니는 "힘과 매력"을 인정하면서 점점 깊어지고 급기야는 가치관의 혼란을 일으키기에 이른다. 그는 뉴욕으로 돌아가야 할 시간이 다가오자 어떻게 해야 할지 모르는 혼란 상태에서 에코토피아에 머물던 7주 동안 처박아 두었던 뉴욕에서 가져온 옷을 입어본다. 셔츠와 바지를 입고 허리띠를 한 다음 넥타이를 맨 자신의 모습을 거울에 비춰본다.

> **거울 속에 비친 내 모습을 보았다. 머리카락이 목 뒤에 곤두서 있었다. 끔찍한 몰골이었다. 사람 같지가 않았다! 내 모습은 딱딱하고 빳빳했다. 나는 너무 놀라서 그 자리에 털썩 주저앉았다. 그러나 호기심이 다시 솟아났다. 나는 넥타이를 다 매고 재킷까지 걸친 다음, 다시 거울로 다가갔다. 이번에는 구역질이 났다. 나는 정말로 먹은 것을 토해야 할지도 모른다고 생각했다.** (칼렌바크, 1991:252)

"포대처럼 헐렁한" 에코토피아의 편안한 옷과 느긋한 그곳 생활에 어느 새 익숙해진 웨스턴에게 미국식 복장이 역겹게 느껴짐으로써 그는 자신이 어디에 있어야 할지 깨닫는다. 웨스턴은 결국 뉴욕으로 다시 돌아가는 것을 포기하고 에코토피아에 남기로 결정함으로써 새로운 정체성을 찾는다. 그는 더 나아가 자신의 아이들까지 에코토피아로 데려올 계획을 세우는데 대안사회로서의 에코토피아가 아이들을 위해 더 나은 곳임을 느끼고 깨달았기 때문이다. 이를 통해 그는 잘 먹고 잘 사는 것이 무엇인지에 대한 새로운 패러다임을 제시하였다.

2. 『삼미 슈퍼스타즈의 마지막 팬클럽』이 그리는 대안사회

박민규의 『삼미 슈퍼스타즈의 마지막 팬클럽』(이하 '삼미 슈퍼스타즈'로 표기)은 다양한 주제를 담고 있지만 무엇이 잘 먹고 잘 사는 것인지에 대한 근본적인 문제제기를 하고 있다는 점에서 『에코토피아』와 공통점을 지닌다. 자본주의 사회에서의 삶에 대한 문제제기를 넘어서서 새로운 대안을 제시하고 있다는 점과 대안적 삶의 방식이 유사하다는 점에서도 두 작품은 일맥상통한다.

『삼미 슈퍼스타즈』는 삼미 프로야구 구단의 창단과 폐단 그리고 그 구단의 어린이 팬클럽 회원이었던 주인공과 그의 친구 조성훈의 삶을 통해 우리 사회의 문제를 드러낸다. 이 소설은 1982년 프로야구가 도입되면서 새롭게 등장한 "'프로'라는 새로운 가치관"(박민규, 2003:76)이 우리의 의식과 생활을 지배하게 되었다는 도발적 문제제기로 시작한다. "별 생각 없이 세상을 살아오던 사람들의 삶이 어느 한순간 아마추어와 프로의 분명한 기로 위에 서게 되었고"(박민규, 2003:76), "이젠 프로만이 살아남는다"거나 "프로의 세계는 약육강식의 세계"(박민규, 2003:77)라는 모토가 지배함으로써 우리사회는 비정하고 비인간적인 사회가 되었다는 것이다. 프로야구의 도입은 스포츠적인 사건이 아니라 우리사회에 미국식 자본주의 질서가 관철되는 역사적 계기로 그려진다. "어떻게 더 많은 일을, 국민들에게 당연하게 시킬 수 있을까"(박민규, 2003:244)고민하던 정권이 미국식 "자본주의의 프랜차이즈"로 프로야구를 도입한 것이라는 주인공의 친구 조성훈의 말은 황당하지만 동시에 상징적 의미를 지니고 있다. 사람들이 죽어라 일하고 또 일해도 최고가 되지 못하면 뒤처지는 자본주의의 냉혹한 메커니즘은 최고가 아니면 손가락질을 받는 프로야구의 세계와 같기 때문이다.

> **이것이 프로의 세계다. 평범하게 살면 치욕을 겪고, 꽤 노력을 해도 부끄럽긴 마찬가지고, 무진장, 눈코 뜰 새 없이 노력해봐야 할 만큼 한 거고, 지랄에 가까운 노력을 해야 '좀 하는데'라는 소리를 듣고, 결국 허리가 부러져 못 일어날 만큼의 노력을 해야 '잘하는데'라는 소리를 들을 수 있다.**
>
> (박민규, 2003:127)

삼미 슈퍼스타즈는 1982년 전기리그에서 10승 30패를, 후기에서 5승 35패를 기록하고 이후 1985년 전기리그를 끝으로 사라질 때까지 120승 4무 211패의 전적을 올렸다. 이 정도의 기록이면 삼미는 평범한 야구를 한 것이다. 그럼에도 불구하고 삼미가 "그토록 수치스럽고 치욕적인 팀으로 모두의 기억 속에 남아"(박민규, 2003:125)있는 것은 프로의 세계라서 그렇다. 프로의 세계에서는 3위나 4위팀이 평범한 것이고 꼴찌는 "변명의 여지가 없는 최하위의 삶처럼"(박민규, 2003:127) 보이기 때문이다. 결국 "고교야구나 아마야구에 있었더라면 아무 문제가 없었을 팀이 프로야구라는 - 실로 냉엄하고, 강자만이 살아남고, 끝까지 책임을 다해야" (박민규, 2003:126)하는 프로의 세계에 들어섬으로써 수치스럽고 치욕적인 삶을 살게 된 것이다.

삼미의 운명은 자본주의 사회를 살아가는 우리 모두의 운명과 다르지 않다. 전 지구적으로 신자유주의 물결이 거세게 몰아치는 오늘날 죽어라 노력해도 살아가는 것은 점점 팍팍해지고 시간은 점점 없어지고 할 일은 점점 많아지며 그 속에서 사람들은 일벌레가 되어 점점 정신없이 살아간다. 살기 위해서 일을 하는 것인지 일을 하기 위해서 사는 것인지 모를 정도가 되었고, 마치 모두들 "돼지발정제를 마신 것처럼 땀을 흘리고 숨소리가 거칠어져" 있으며 "돈과의 교미" (박민규, 2003:182)를 벌이는 듯하다. 주인공 역시 자본주의의 냉엄한 법칙을 깨닫고 죽어라 노력하여 일류대학에 합격하고, 졸업 후에는 "국내 최대의 대기업"에 취직하여 프로가 되기 위해 밤낮으로 일한다. 하지만 주인공이 대기업에 취직해서 4년간 "새벽 5시에 집을 나와, 거의 자정 무렵"(박민규, 2003:213)에야 집으로 돌아가고 휴일에도 출근해 근무한 결과는 외로움을 견디다 못한 아내의 이혼 선언과 IMF 이후의 구조조정 대상이 되어 해고당한 것이었다.

해고되어 실업자가 된 후에 비로소 주인공은 자신이 지금까지 무엇이었는가를 즉, "나는 일찍 일어난 새가 아니라,

일찍 잠이 깬 벌레였다는 것을"(박민규, 2003:224) 깨닫는다. 그러면서 프로의 세계가 요구하는 기준 자체가 문제라는 사실을 알게 된 것이다. 문제는 바로 프로의 세계였던 것이다.

> **요는 말이지. 어쩌다 프로가 되었나, 라는 것이야. 생각해 봐. 우리는 원래 프로가 아니었어. 그런데 갑자기 모두 프로가 된 거야. 그 과정을 생각해 보란 말이야. 물론 프로야구가 세상을 바꾸었단 얘기가 아냐. 요는 프로야구를 통해 우리가 분명 속았다는 것이지. (...) '어린이에겐 꿈을! 젊은이에겐 낭만을!'이란 구호는 사실 '어린이에겐 경쟁을! 젊은이에겐 더 많은 일을!' 시키기 위해 만들어졌다고 보면 돼.**
>
> (박민규, 2003:243)

이 말을 하는 주인공의 친구 조성훈은 삼미 슈퍼스타즈가 "프로의 세계에 적응하지 못한 모든 아마추어들을 대표해 그 모진 핍박과 박해를 받았던" 것이라 말하며 이제 "세상을 박해하는 것은 총과 칼이 아니"라 "바로 프로"라고 말한다.(박민규, 2003:243) 이러한 세계에 저항한 것이 "치기 힘든 공은 치지 않고, 잡기 힘든 공은 잡지 않는다"는 모토를 내건 삼미 슈퍼스타즈였다.(박민규, 2003:251) 그래서 주인공과 그의 친구는 삼미 슈퍼스타즈처럼 자본주의 세계가 요구하는 방식을 따르지 않기로 한다. 왜냐하면 "그저 달리기만 하기에는 우리의 삶도 너무 아름다운 것"(박민규, 2003:278)

임을 깨달았기 때문이다.

> **필요 이상으로 바쁘고, 필요 이상으로 일하고, 필요 이상으로 크고, 필요 이상으로 빠르고, 필요 이상으로 모으고, 필요 이상으로 몰려 있는 세계에 인생은 존재하지 않는다.**
>
> (박민규, 2003:279)

이러한 인식에 도달한 주인공은 이제 "일밖에 몰랐던 인간"(박민규, 2003:237)에서 삶의 아름다움을 찾는 인간, 자유로운 인간으로 다시 태어난다. 그래서 그는 "모두가 땀 흘리며 일하고 있을"(박민규, 2003:237) 시간에 공터에 나와 친구와 놀기 시작한다. 그러면서 "무언가 거대하고 광활한 것이 내 머리 위에 존재하고 있음"을 깨닫는다. 그것은 "직장생활을 시작한 후로 처음 본 하늘"(박민규, 2003:239)이었다. 이제 그는 더 이상 경쟁에서 도태되고 해고된 것을 부끄럽게 여기지 않고, 왜 꼭 이겨야 하는가, 지면 안 되는가, 지면 어떤가하는 새로운 관점으로 세상을 보면서 새로운 생활을 시작한다. 그것은 자본주의의 방식과는 다른 새로운 생활이다.

> **하루 3시간만 일하고, 굶어죽지 않고, 나머지 21시간은 내 것이다 - 가 신문 배달 때와 다름없는 놈의 자랑이었다. 그리고 나는 - 퇴직금을 까먹으면서 그냥 놀기로 했다. 4년 내내 미친놈처럼 일을 했고, 그 퇴직금으로 밥을 먹지만, 하루**

24시간이 내 것이다 - 가 예전이라면 상상할 수 없었던 나의 자랑이었다. (박민규, 2003:257)

자본주의가 요구하는 프로의 세계에서 하차한 주인공이 하는 일이란 "충분히 잠을 자고, 산책을 하며 하늘을 보고, 캐치볼을 하고"(박민규, 2003:258) 쉬는 일이다. 그에게는 감당키 어려울 정도의 많은 시간이 주어졌기 때문이다. 그러면서 그는 "시간이 없다는 것은, 시간에 쫓긴다는 것은 - 돈을 대가로 누군가에게 자신의 시간을 팔고 있기 때문이다. 돌이켜보니 지난 5년간 내가 팔았던 것은 나의 능력이 아니었다. 그것은 나의 시간, 나의 삶이었던 것"(박민규, 2003:265)임을 깨닫는다. 그런 그의 눈에 아마추어 야구단의 전지훈련차 찾은 삼천포는 그 이름이나 마찬가지로 프로의 세계에서 벗어나 있는 다른 세계로 보인다.

우리를 놀라게 한 것은 해가 지면 거의 모든 가게가 문을 닫는다는 것이었다. 즉 24시간 운영, 연중 무휴, 연장 근무, 불철주야, 철야 근무 같은 단어가 존재하지 않는다는 말이다. (...) 해가 뜨면 마을 사람들은 일을 시작한다. 아무도 서두르지 않는다. 뛰어다니는 것은 개들뿐이고, 때가 되면 밥을 먹고, 해가 지면 잠을 잔다.(...) 이곳은 무엇이 들어와도 국내 최후이며, 삶의 분주함으로 따지자면 국내 최저이며 그 어귀에는 (...) 동네 사우나탕 정도의 규모를 지닌 국내 최소의 해

수욕장을 보유하고 있었다. 그리고 변함없이 해가 뜨면 일을 시작하고, 할 만큼의 일을 하고, 먹을 만큼의 밥을 먹고, 해가 지면 잠을 자는 것이다. (박민규, 2003:276-277)

삼천포의 세계는 속도의 면에서도, 규모의 면에서도 그리고 삶의 방식에 있어서도 자본주의에 대비되는 대안사회의 면모를 보여준다. 서두르지 않고, 크고 화려한 것을 쫓지 않고, "할 만큼의 일을 하고, 먹을 만큼의 밥을 먹고, 해가 지면 잠을 자는" 안빈낙도의 삶을 실천하는 곳이다. 이 세계는 주당 20시간만 일하고 나머지는 삶을 즐기는 에코토피아와 닮아 있다. 더 이상 일이 중심이 아니라 삶의 아름다움을 느끼고 즐기는 것이 중요한 세계가 그곳이다. 물론 삼천포는 그러한 유토피아의 다른 이름일 뿐이다. 유토피아를 경험한 주인공은 나중에 다시 취직을 하지만 이제는 예전처럼 일이나 출세, 돈 버는 것에 매달리지 않는다. 최소한의 생활을 가능하게 해줄 월급을 받고 대신 충분한 자유시간이 있는 직장을 찾아다닌다.

지구상의 어떤 양서류보다도 돈 욕심이 없어진 나는 - 늘 조금이라도 더 나의 시간, 나의 삶을 확보할 수 있는 직장을 찾고 또 찾았다. 결국 나는, 작은 종합병원의 후생관리 직원이 되었다. 균등하고 변함없는 하루 6시간의 업무. 그리고 그 6시간을 제외한 나머지가 모두 나의 시간이다. (박민규,

2003:297)

3. '게으를 권리'와 새로운 노동개념

두 소설이 보여주는 대안사회의 특징은 모두 노동시간이 대폭 줄어들고 나머지 시간은 자신을 위해 쓰는 그러한 사회라는 것이다. 노동과 효율성에 맞서 대안적 가치와 게으른 삶의 방식을 찬양하고 그에 따라 노동에 대한 개념도 완전히 새롭게 정립하였다. 이처럼 노동에 대한 개념을 바꿔야 두 소설이 보여주는 것과 같은 지금까지와는 다른 새로운 삶의 방식이 생겨날 수 있다. 그런데 노동의 개념을 근본적으로 바꾸기 위해서는 우선 일하지 않거나 일을 느리게 하는 것, 즉 게으름의 지위를 회복시켜야 한다. 휴식이나 무위, 게으름은 아주 오래전부터 악덕이나 죄로 평가되어 왔기 때문이다. 게으름은 노동이나 활동, 일과는 반대되는 개념으로 경계하거나 타파해야할 나쁜 행위로 인식되었다. 오랜 세월동안 게으름에 대한 부정적 인식이 주류를 이루다보니 사람들은 일을 하지 않고 가만히 있거나 빈둥댈 때 누가 뭐라 하지 않아도 스스로 죄책감에 빠진다. 따라서 일하지 않는 상태를 부정적으로 여기거나 게으름을 죄악이라 생각하는 관념을 바꾸어야 한다.

게으름에 대한 비난의 역사는 오래되었다. 게으름을 경

계하는 이야기 중 가장 유명한 것은 지금으로부터 2500년 전에 나온 이솝우화의 <개미와 베짱이>이다. 일과 즐거움, 부지런함과 게으름을 대비시켜 게으름을 경계하는 교훈적 이야기는 우리나라에서도 <소가된 게으름뱅이>를 통해 널리 알려져 있다. 인도에도 한 둥지에 사는 두 마리 게으른 새가 겨울이 와서 둥지에 난 구멍에서 찬바람이 들어오는데도 그걸 메꾸는 일을 서로에게 미루다가 결국은 게으름 때문에 얼어죽었다는 설화가 있다. (이옥순, 2012:17) 또한 성경에도 '일하지 않는 자는 먹지도 말라'는 경고라든지, "너 게으름뱅이야, 언제까지 누워만 있으려느냐? 언제나 잠에서 깨어나려느냐? '조금만 더 자자, 조금만 더 눈을 붙이자. 손을 놓고 조금만 더 누워 있자!' 하면 간난이 부랑자처럼, 빈곤이 무장한 군사처럼 너에게 들이닥친다."(잠언 6장)는 말이 나온다. 이들 이야기는 모두 일하지 않고 게으름을 피우면 불행에 이를 것이라는 준엄한 경고와 부지런히 열심히 일을 하면 부와 행복을 얻으리라는 메시지를 담고 있다. 어렸을 때부터 이런 이야기를 들으며 자랐으니 게으름에 대해 부정적 인식과 죄책감을 지니는 것은 당연하다.

게으름에 대한 단죄와 비판은 이후 종교개혁을 통해 프로테스탄트가 등장하면서 더 심해졌다. 루터는 "노동이 사람을 죽이는 경우는 없다. 빈둥거리며 지내는 것은 신체와 생명을 망친다. 새가 날기 위해 태어난 것처럼 인간은 노동을 위해 태어났다."고 말하며 게으름을 단죄하였고, 칼뱅도 게으름을 "가장 위험한 악"으로 여겼다. (이옥순, 2012:50) 근면과 노동을 강조하는 프로테스탄티즘의 윤리는 근대 자본주의 정신을 키웠고 산업화와 함께 자신의 노동력을 제공하고 임금을 받는 임금 노동자들과 직업이 생겨나면서 노동이 더욱 신성시 되었다. 산업화를 통해 대규모 임금 노동자가 고용되고 이들의 생산성이 중요해지자 게으름을 피우거나 시간을 낭비하는 일은 더욱 경계의 대상이 되었다. 자본가와 지식인들이 게으름을 부정적으로 비판하는 담론을 유포시켰고, 성직자들이 이를 종교적으로 뒷받침하였다. 그리하여 시간은 금이며, 일하지 않는 것은 죄악이라는 현대 자본주의 사회의 노동개념이 완성되었다. 나치시대에는 거지, 유랑자, 집시를 게으르며 '일을 기피하는 분자들'이라 낙인찍어 강제 노동수용소로 보냈고 급기야는 아우슈비츠에서 학살을 감행하였다. 이를 주도한 히믈러는 "일을 기피하는 것을 일종의 전염병"이라 보고 "그 병원균이 국가라는 유기체를 좀먹고, 나아가 나치가 꿈꾸는 완벽한 세계를 내부에서부터 파괴"(호지킨슨, 2005:54)시키지 못하도록 이들을 사회에서 제거한 것이다. 그 결과 근면과 노동을 강조하는 사회에서 사람들은 일을 하지 않고 쉬거나, 낮잠을 자거나, 생각에 잠겨있는 것조차도 죄책감을 느끼게 되었다.

그런데 "노동은 생존하고자 하는 인간에게 부과된 필연적인 것이며, 소득은 고된 노동을 견뎌낸 것에 대한 보답이라는 사고방식"은 이전부터 있었던 것이 아니라 "자본주의에 의해 새롭게 만들어진 관념"(히로노, 2010)이다. 예전의 왕족이나 귀족, 지주, 성직자, 거지들은 스스로 아무런 노동도 하지 않고 상당한 소득을 얻으며 풍족한 삶을 영위해 왔다. 이를 비판하며 시민계급이 자본주의와 청교도적 윤리를 통해 노동의 신성화를 강조하였는데 이것이 자본주의가 발전하면서 우리에게 족쇄가 된 것이다. 이 족쇄, 즉 자본주의가 만든 노동에 대한 고정관념을 깨트려야만 모두가 함께 자유를 누리는 새로운 세상이 가능하다. 그렇지 않으면 우리 모두는 일의 노예, 시간의 노예가 되어 허덕이며 살 수밖에 없다. 니체는 이미 1882년에 이러한 현상을 명확하게 지적하였다.

> **이제 사람들은 휴식을 부끄러워하며, 오랜 사색에 대해서는 거의 양심의 가책을 느끼기 까지 한다. 사람들은 시계를 손에 들고 생각을 하고, 점심을 먹으면서 주식 신문을 들여다본다. 마치 언제나 무언가를 "놓치는 것"은 아닌가 하고 불안해하는 사람처럼 살고 있는 것이다."아무것도 안 하느니 차라리 무슨 일이라도 한다"는 원칙이 모든 교양과 고상한 취미를 파괴하고 있다. 눈에 띄는 조급한 노동에 모든 형식들이 몰락하고 있다.(...) 그리고 무엇보다도 모든 여유를 위한 시간과 능력을 사람들은 더 이상 갖고 있지 못한 것이다.**
>
> (니체,『즐거운 학문』, 2005:298)

니체가 간파한 "아무것도 안 하느니 차라리 무슨 일이라도 한다"는 현대 사회의 노동 원칙은 신자유주의의 도입과 함께 오늘날 더욱 첨예화되었다. 사람들은 바쁘다 바빠를 입에 달며 더 정신없이 산다. 시간에 매이지 않은 예술가마저도 오늘날의 사회에서는 늘 무언가에 분주하다. 자유로운 영혼을 꿈꾸는 소설가마저도 바쁘다 바빠를 외치며 살게 만든다. 소설가 백가흠은 2011년에 쓴 몽골 기행문을 다음과 같은 말로 시작한다. "몇 년 동안이나 미루었던 여행을 몽골로 왔습니다. 지난 시간 아무런 여유가 없었던 셈이지요. 서울에서의 생활이라는 것은 바쁘다는 핑계를 입에 달고 살던 시간은 아니었던 걸까요. 바쁘지 않으면 뒤처질 것 같고, 사라질 것 같은 두려움이 무너뜨린 여유에 대해 생각합니다." 그런 그가 몽골에서 발견한 것은 완전히 다른 삶이었다.

> **한 게르에 들렀을 때, 마침 가족은 양을 잡고 있었는데요. 안주인은 갑작스럽게 찾은 우리를 마다하지 않고, 손님방에서 저희에게 말 젖으로 만든 마유주를 대접했습니다. (.....) 그러던 중, 제가 살짝 몽골친구에게 물었습니다. "그런데 이분들은 돈은 어떻게 벌어서 사는 거야?" "이분들, 돈 안 벌어요. 돈 벌 필요 없어요. 겨울에 양고기 먹고, 여름엔 양젖으로 만든 요구르트, 마유주 먹어요. 가끔 양하고 감자나 곡식하고 바꾸어 먹어요. 이 사람들 돈 필요 없어요." 저는 이해가 되지 않아서 뻔히 그 친구를 쳐다보았습니다. "돈이 필요한 사람**

들은 도시에서 사는 사람들이에요. 저 같은 사람들요."[24)]

몽골 초원에서 여전히 전통적인 방식으로 살아가는 사람들에게 돈을 벌기 위한 노동이나 물질적 풍요를 위한 삶은 낯선 개념이다. 이 사실은 처음부터 돈과 노동이 결합되어 있었거나 더 많은 부를 축적하기 위해 밤낮으로 일하는 것이 결코 당연한 일이 아니라는 것을 상기시켜 준다. 근대화나 산업화 이전의 사람들은 돈을 위해서가 아니라 삶을 위해서 필요한 만큼만 일을 하였다. 필요한 만큼의 양식을 마련할 수 있으면 그 이상으로는 일할 필요를 느끼지 않았다. 그것을 엥겔스는 「영국 노동 계급의 조건」에서 "직조공들은 대개 자기 의지대로 일하는 시간을 조절할 수 있었기 때문에, 여가 시간에는 땅을 조금 빌려서 농사를 지었다. 물론 그 여가 시간도 자기가 선택한 만큼 취할 수 있었다. (.....) 그들은 과로할 필요가 없었다. 즉 자기들이 선택한 정도 이상으로는 일을 하지 않았지만, 그들이 필요로 하는 만큼의 소득을 올릴 수 있었다." (호지킨슨, 2005:32)고 설명한 바 있다. 영국에서는 <성 월요일 Saint Monday>, 즉 안식일을 월요일까지 연장하는 제도화된 관습이 있었다고 한다. 제화공, 직조공들은 월요일에도 일을 하지 않고 술을 마시거나 맨손 격투와 투계를 구경했다는 것이다. (호지킨슨, 2005:66) 이 관

24) 백가흠, 「다 주는 대초원… '나를 내려놓는 법' 배웁니다」, 조선일보 2011.7.19.

습은 18세기 내내 지속되다가 19세기에 들어서 산업화와 함께 사라졌다. 오래 지속되었던 이유는 "이 관습을 실천했던 사람들이 오늘날처럼 재산축적에 열망을 품지 않았"고 무엇보다도 "생존에 필요한 만큼 이상으로는 돈 벌 필요를 느끼지 않았"(호지킨슨, 2005:66)기 때문이었다.

과도한 노동이나 더 많이 벌기 위해 일하는 것에 대한 비판은 근면과 노동의 의무에 대한 강조만큼 오랜 역사를 지닌다. 이미 로마시대에 키케로는『의무론』에서 "사람들이 자신의 수고와 근면성을 팔아넘기는 행태를 우리는 천박하고도 혐오스러운 것으로 판단해야 한다. 누구에게든 돈 때문에 자신의 수고를 제공하는 것은, 자신을 파는 것이요 자신을 노예로 전락시키는 일이다."(호지킨슨, 2005:334) 라고 지적한 바 있고, 그리스 철학자들도 노동이 사고를 떨어뜨리는 천한 것이라 여겼다. 아리스토텔레스는 게으름을 우주의 원리라 여기고 "완벽한 시민은 미덕을 키우고 정치적 행동을 하기 위해 여유가 필요"함을 역설하였다. (이옥순, 2012:43)

다른 연구에 따르면 "원시 시대의 여성들은 평균적으로 주당 15시간에서 20시간 일하고, 남성은 15시간 일했"는데, "쟁기를 끄는 동물들을 먹이고 돌봐야 하는 농경문화로의 전환은 남자들이 주당 25시간에서 30시간 일을 하게 만들었다"고 한다. (레빈, 2000:37) 그렇지만 고대와 중세에는 여전히 일하는 날보다 일하지 않는 날이 더 많았다. 핌로트 Pimlott는『영국인의 휴일』에서 고대 이집트에서는 "1년에 5분의 1은 일하는 걸 금지했다. 고대 아테네에서는 1년에 축제일이 50-60일이나 되었고, 그리스의 도시 국가 타렌툼은 전성기 때 축제일이 근무일 수보다도 많았다. 고대 로마력을 보면 명목상 종교적인 이유를 들어 재판이나 공공 업무가 시행되지 않는 날이 108일이나 되었"(호지킨슨, 2005:312)다고 밝힌 바 있다. 중세에도 마찬가지로 쉬는 날이 1년에 평균 115일 가량 돼서 사람들이 현대의 우리보다 훨씬 많은 여가 시간을 가지고 있었다는 연구 결과도 있다. (레빈, 2000:34) 현대에 들어와서도 사정은 마찬가지이다. "1920년대 농가의 가정주부들은 온갖 신식 기기를 갖고 교외에 사는 현재의 가정주부들보다 눈에 띌 만큼 적은 시간을 가사일에 사용"했다는 것이다. (레빈, 2000:34) 레빈의 지적처럼 "시간을 절약해주는 온갖 발명품을 갖고도 사람들이 그 어느 때보다 자기 시간을 갖지 못하는 것"(레빈, 2000:34쪽)이 현대의 상황이다.

생태사회를 위해서 우리는 노동의 의무와 능률 숭배로부터의 해방이 필요하다. 노동에 대한 개념을 바꿔야 지금까지와는 다른 새로운 삶의 방식이 가능하기 때문이다. 산업사회와 신자유주의는 인간이 인간다운 위엄으로 삶을 영위할 수 있는 기본조건을 갈수록 망가뜨리고 있다. 우리가 '일하는 기계' 또는 '기계의 노예'에서 해방되기 위해서는 산업화와 자본주의에 의해 변방으로 밀려난 여가와 무위, 즉 게으름의 긍정적 측면을 재발견하고 복권시키는 일이 필요하다. 동서양의 역사를 보면 무위와 게으름을 강조하는 많은 예들을 찾을 수 있다. 노자가 말하는 무위자연과 마음 가는 대로 유유자적하게 살아가라는 장자의 소요유, 인도의 요가와 명상 모두 번잡한 노동이나 더 많은 것을 위해 아등바등 일하는 것과는 거리가 먼 순수한 게으름을 전제로 한다. 서양에서도 그리스 시대의 견유학파와 18세기의 루소, 19세기말의 대안운동, 1960년대의 히피운동 그리고 오늘날 생태주의로 이어지는 반문명 전통에서 게으름을 강조하였다. 견유주의(犬儒主義/Cynicism/ Kynismus)는 그리스시대에 욕심을 버리고 세속의 부귀영화를 탐하지 말며 자연의 상태로 회귀해야한다고 주장한 철학유파이다. 견유주의는 서양사상사에서 "문명에 대한 최초의 그리고 가장 강력한 철학적 반항"(송유례, 2011:102)으로 평가된다. 그들이 비판한 문명은 "물신주의, 쾌락주의와 이기주의, 허례허식, 성적-인종적-사회적 편견과 차별, 종족주의와 군사주의 그리고 노예제도"(송유례, 2011:102) 등을 핵심 내용으로 한다. 견유주의자들은 이에 맞서 "인간이 만든 허위적 세상에 대한 반기를 들고 인간본성과 그 본성이 내속된 대자연의 순리에 따라 살라고 주장"하며 재산, 지위, 명망, 허례허식을 모두 버리고 "최소주의적 생활방식"을 실천하였다. (송유례, 2011:103-104) 디오게네스는 걸인처럼 구걸하며 통속에서 생활하였고, 상류층 출신의 부유한 토지소유자였던 크라테스는 재산을 모두 처분해 이웃에게 나누어준 후 거리에서 생활하는 자발적 가난을 선택하였다. 디오게네스는 문명의 문제가 자꾸만 더 가지려는 탐욕에 있다고 보고 "진정한 기쁨은 영혼이 편안하고 즐거운 상태에 있을 때 가능하다"(Koch, 2012:85)고 가르치며 "자기만족"(Koch, 2012:86)을 대안가치로 제시하였다. 그는 "부자와 권력자가 '점점 더 많이'라는 증가의 논리에 빠져 있어서 영혼의 평온을 상실하였기"에 오히려 삶의 "진정한 패배자"(Koch, 2012:85)라고 선언하며 스스로를 "병든 사회의 의사"로 자처하였다. 디오게네스의 치유 목적은 "대도시인들을 다시금 좀 더 느리고 평화로우며 소박한 삶으로 되돌아가게 만들어 좀 더 큰 영혼의 평안을 찾을 수 있게 하는 것"(Koch, 2012:91)이었다.

견유주의의 저항담론은 루소를 거쳐 젊은 괴테로 이어진다. 괴테는 『젊은 베르터의 고뇌』에서 능률, 부지런함, 일, 직업적 활동, 사회적 인정과 같은 시민계급의 지배담론에 맞서 '무위', '산책', '독서', '자연과의 합일', '소박한 노동과 삶', '자기실현 및 자기완성', '자족'의 대항담론을 내세운다.[25] 안빈낙도와 게으름 그리고 무위와 자연적 삶에 대한 찬양은 이후 많은 이들에 의해 산업사회와 기술문명에 대한 새로운 대안으로 제시되었다. 이들은 근대이후 노동에 부여한 중요성을 파기하고 노동은 어디까지나 최소한의 생존을 위한 범위로 한정시킬 것을 제안한다. 그럴 경우 나머지 시간을 자기

25) 베르터의 대항담론에 대한 자세한 분석은 김용민의 논문, 「생태주의적 관점에서 본 『젊은 베르터의 고뇌』」, 『유럽사회문화』 제7집(2013) 참조.

계발과 자기완성을 위해 사용함으로써 진정한 행복을 얻을 수 있기 때문이다.

1883년에는 프랑스의 의사이자 사회운동가인 폴 라파르그가 "'일할 권리'에 대한 반박"으로서 '게으를 권리'를 주장하였다. 그는 노동에 대한 맹목적이고 도착적이며 살인적인 열정으로 말미암아 사람들을 해방시켰던 기계가 자유로운 인간을 노예로 만드는 도구로 바뀌었다"(라파르그, 2009:27)고 말한다. 자본주의 경제학자들의 "일하라. 사회의 부를 증대시키기 위해"라는 주장에 따라 노동자들이 "노동이라는 악덕에 자신의 육체와 영혼을 다"(라파르그, 2009:20-21) 바치고 "기계의 일부가 되어 휴식도, 대가도 없이 일만"(라파르그, 2009:8)하게 되었다는 것이다. 이러한 상태에서 벗어나기 위해서는 '게으를 권리'를 선언해야 한다는 것이 라파르그의 주장이다.

> **프롤레타리아는 자신들의 자연적 본능으로 돌아가 부르주아 혁명의 형이상학적 법률가들이 지어낸 무기력한 '인간의 권리'보다 천 배는 더 고귀하고 성스러운 '게으를 권리'를 선언해야 한다. 프롤레타리아는 하루에 3시간만 일하고 나머지 시간은 여가와 오락을 즐기는 삶에 익숙해져야 한다.**
>
> (라파르그, 2009:26)

"노동은 게으름이라는 즐거움에 추가되는 양념에 불과

한 것"이므로 "하루에 최대 3시간이라는 제약이 가해져야만 노동이 인간이라는 유기체에 이로운 몸놀림"이 된다고 라파르그는 역설한다.(라파르그, 2009:26) 베르터처럼 라파르그 역시 노동의 시대에 노동의 신성화를 부정하고 게으름을 찬양한 것이다. 이러한 생각은 이후 20세기에 들어와 버트란트 러셀의 『게으름에 대한 찬양』과 쟈끄 러끌레르끄의 『게으름의 찬양』으로 이어졌다. 1935년에 발표한 『게으름에 대한 찬양』에서 러셀은 "세상에는 너무나 일이 많으며 근로가 미덕이라는 믿음에 의해 엄청난 해악이 발생한다"(러셀, 2005:15)는 문제의식에서 출발하여 노동에 대한 인식을 새롭게 바꿀 것을 제안하였다. 그는 "근로의 도덕은 노예의 도덕이며 현대 세계는 노예 제도를 필요로 하지 않는다"(러셀, 2005:20)며 자본주의의 노동윤리를 비판한다. 또한 사람들이 일이란 늘 "다른 어떤 목적"을 위한 것이어야 하며, "이익을 가져오는 것만이 바람직한 행위라는 관념"에 빠져 "모든 것을 뒤바꿔 버렸다"(러셀, 2005:29)고 말한다. 그렇기에 사람들은 "그 자체를 목적으로 일하는 법이 없"게 된 것이다. 이러한 상황에서 벗어나 인간의 진정한 자유와 주체성을 확립하기 위해서는 여가가 필요하다는 것이 러셀의 주장이다. 러셀은 현대인들에게 '행복하려면 게을러지라'는 처방을 내리며 하루에 4시간만 일하고 나머지 시간을 빈둥거리고 어슬렁거려야 더 창의적인 생각과 행동을 할 수 있다고 말한다. 당시 수준으로도 사람들이 하루 4시간씩만 일해도 사회가 필요로 하는 자원을 충분히 생산해낼 수 있기 때문이다.

> **만일 사회를 현명하게 조직해서 아주 적정한 양만 생산하고 보통 근로자가 하루 4시간씩만 일한다면 모두에게 충분한 일자리가 생겨날 것이고 실업이란 것도 없을 것이다.**
>
> (러셀, 2005:24)

그렇게 하여 노동시간을 4시간으로 줄이면 나머지 시간은 자신에게 알맞은 활동에 쓸 수 있다. 과학적 호기심이 있는 사람이면 그 호기심을 맘껏 탐닉할 수 있을 것이고, 작품성을 추구하는 화가도 굶지 않고 그림을 그릴 수 있을 것이다. 젊은 예술가들이 먹고살기 위해 자신들의 역량과 개성을 잃을 일도 없을 것이다. 일반 사람들도 "보다 친절해지고, 서로 덜 괴롭힐 것이고, 타인을 의심의 눈빛으로 바라보는 일도 줄어들 것"이라는 게 러셀의 진단이다. 그렇게 되면 사람들은 진정한 행복을 누릴 수 있을 것이다.

> **무엇보다도 인생의 행복과 환희가 충만할 것이다. 신경쇠약과 피로와 소화불량증 대신에 말이다. 필요한 일만 함으로써 기력을 소모하는 일 없이 여가를 즐겁게 보낼 수 있을 것이다.** (러셀, 2005:52)

러셀과 거의 비슷한 시기인 1936년에 러끌레르끄는 벨기에 자유학술원 회원 취임연설인『게으름의 찬양』에서 게으름을 역설하였다. 신부이자 루뱅대학 철학 교수인 러끌레르끄는 자기 시대의 상징이 "경쟁"이며 "온갖 발명 역시 .... 속도의 발명"이라고 정의한 후, 사람들이 이러한 "치열한 생활"을 자랑하는데, "치열한 생활이란 실상 소동의 생활에 지나지" 않는다고 비판한다.(러끌레르끄, 1986:17) 왜냐하면 사람들은 예나 지금이나 그런 생활로 지쳐있을 뿐이기 때문이다.

> **오늘날... 지치고 지쳐서 이젠 좀 쉬었으면 좋겠다는 소리 안 하는 사람 하나라도 보신 적 있으십니까. 쉬는 걸 말리는 사람은 아무도 없는데도. 그런 이들의 삶은 쓸데없는 근심걱정으로 가득합니다.** (러끌레르끄, 1986:20-21)

러끌레르끄가 대안으로 제시하는 삶은 한가하고 게으른 삶이다. 그래야 "아름다움이 아름다움으로 보이"기 때문이다. "고독, 정적, 한가로움이 있고서야 탄생"(러끌레르끄, 1986:36), 즉 새로운 창조가 가능하다.

> **데까르트가 자신의 행로를 좌우할 예언적 꿈을 꾼 것도 이를테면 무위도식 상태에서였고, 뉴턴은 나무 밑에, 아르키메데스는 목욕탕 안에 각각 드러누운 상태에서 큰 꿈을 꾸었던 것입니다. 그리고 플라톤이 아카데모스 정원에서 벗들과 더불어 사색을 한 일도 우리 시대가 말하는 소위 맹렬한 생활**

따위는 결코 아니었습니다. 그의『대화』를 보아도 하나같이 한가로운 이야기들뿐입니다. (러끌레르끄, 1986:35-36)

이를 바탕으로 러끌레르끄는 이제 "게으름의 찬양을 노래하여 마땅할 시절이 돌아"왔음을 선포한다.(러끌레르끄, 1986:17) 실제로 그는 자신의 친구가 장관이 되었다는 소식을 듣고 그에게 충고하는 편지를 보내기도 했다. 편지의 내용인즉 "내각 전원이 매주 하루씩은 종일 들에 나가서 지내도록 강력히 제언하라는 것"이었다. 장관들 모두가 일주일에 하루는 들에 나가서 "스테이크와 감자튀김으로 푸짐한 점심을 하고 크레프로 후식까지 하고 나서 우리나라 독주도 한잔씩 들고는 푸른 잔디밭에 모두 드러누워 조상님네 땅의 영원한 슬기가 몸으로 스며 오르는 소리를 조용히 듣도록 하라는 것"(러끌레르끄, 1986:37)이 그의 충고였다.

루소 이래 많은 문학가, 사상가, 학자들이 주창한 노동시간을 줄이고 여가시간을 많이 갖자는 제안은 21세기에 들어서서도 진지하게 논의되고 있다. 독일의 사회학자인 볼프강 엥글러는 오늘날의 독일이 안고 있는 문제와 더 나아가 자본주의 사회의 치명적 한계를 해결하기 위한 방안으로 새로운 노동개념을 제안한다. 엥글러는 독일 통일 이후 20%에 육박하는 실업률과 젊은이들이 빠져나가 인구 공동화 현상이 벌어지는 구동독지역의 문제를 해결할 방안으로 새로운 노동개념을 도입해야 한다고 주장한다. 구동독지역의 실업자들이 단순히 일자리만이 아니라 사회적 기반과 사회적 관계까지 잃어버리게 된 것은 지금까지 노동에 부여했던 중요성 때문이라는 것이 그의 분석이다. 즉, 노동이 삶의 원천이고, 노동이 사회적 안정을 가져다주는 기반이라고 생각했기에 노동하지 않는 자는 당연히 사회에서 낙오한 자로 취급되었다. 그런데 현재 동독지역에서는 노동하지 않는 인구가 더 많은 비중을 차지하기에 "새로운 사회계약"(Engler, 2002a:178)이 필요하다. 노동이 중심이 되는 "노동사회"가 아니라 새로운 노동 개념이 바탕이 된 대안 사회를 위해 그는 "시민수당 Bürgergeld" 도입을 제안한다.(Engler, 2002a:174) <실업수당>이 실업자에게 일정기간 지급하여 생활을 영위할 수 있게 하는 지원금이라면 <시민수당>은 모든 시민에게 지급하는 기초 생활비이다. <시민수당>은 시민이면 누구나 신청할 수 있는 일종의 기초생활비이다. <시민수당>을 도입하면 노동사회의 문제를 "일시에 해결"할 수 있다.

> **모든 사람들이 물질적으로 그리고 문화적으로 보장된 수입을 갖게 될 것이다. 아무런 근거를 제시하지 않아도** (시민수당을) **요구할 수 있기에 자기 자신의 삶을 꾸려나갈 수단을 얻기 위해 애를 쓰지 않아도 된다.** (Engler, 2002a:174)

이렇게 되면 자연히 "노동에 대한 인간의 관계" 역시 "혁명적으로 변화"할 수밖에 없고, 사람들은 일자리를 잃거나

"몰락할지 모른다는 불안감"에서 해방되어 여유롭게 지낼 수 있을 것이다.(Engler, 2002a:174) 이때 중요한 것은 일자리가 없어도, 노동을 하지 않아도 삶의 의미를 찾을 수 있고 삶의 충만함을 느낄 수 있게 만드는 것이다. 이를 위해서 엥글러는 "체계적이고 광범위한 준비", 즉 "새로운 문화 모델을 만들어 내는 것"이 필요함을 역설한다. 즉, 가족, 유치원, 학교, 공공 여론기관, 예술, 철학, 학문이 함께 힘을 합쳐 "교육과 호기심 그리고 지식획득"ㅅ을 "흥미롭게" 만들 수 있다면 각자가 자신의 활동을 통해 하고 싶은 일을 하면서 삶을 즐길 수 있게 될 것이라는 주장이다.(Engler, 2002a:178-179) 자신에게 기쁨을 주고 관심과 능력을 일깨우는 일을 할 수 있도록 도와준다면 지금까지와는 전혀 새로운 사회가 열릴 것이라는 입장이다. 이를 엥글러는 다른 인터뷰에서 "사람들은 정신적으로, 문화적으로 그리고 사회적으로 시간을 보내고, 자신의 삶을 스스로 연출할 수 있는 법을 배워야 할 겁니다. 아리스토텔레스의 말을 빌리면, 활동이 중요한 거지요, 노동이 아닌 활동 말입니다."(Engler, 2002b)라고 말한다.

엥글러가 주장하는 새로운 노동개념이나 새로운 사회모델은 『에코토피아』나 『삼미 슈퍼스타즈』가 꿈꾸는 사회와 많은 점에서 일맥상통한다는 점에서 흥미롭다. 칼렌바크가 그리는 에코토피아 사회에서는 엥글러의 제안이 이미 상당 부분 실현되어 있다. 에코토피아에는 정신노동과 육체노동의 차이가 크지 않고, "일하고 있는지 놀고 있는지 구별하기 어려울 때"(칼렌바크, 1991:246)가 많다. 더 나아가서 "일과 놀이의 차이가 서서히 사라져 가고"(칼렌바크, 1991:245) 마치 놀이하는 것처럼 일을 하거나, 일을 하다가 중간에 파티를 열기도 한다. 요컨대 노동의 개념이 바뀐 것이다. 또한 그들이 실업자가 되어도 전혀 물질적 정신적 어려움을 겪지 않는다. 에코토피아인들은 실업마저도 즐길 수 있게 된 것이다.

> **실업자에게 최소한의 생계비를 보조하는 사회보장제도와 생필품을 싸게 파는 중심 상점 덕분에, 사람들은 실업을 재난이나 위협으로 생각하지 않는다. 그들은 실업기간을 이용하여 대개 창조적인 일에 몰두하거나 재교육을 받거나 휴식을 취하며, 때로는 실업 기간을 일부러 연장하기도 한다.**
>
> **(칼렌바크, 1991:246)**

이처럼 일과 놀이의 구분이 사라진 에코토피아에는 엥글러가 말하는 "새로운 문화모델"이 이미 실현되고 있다. 『삼미 슈퍼스타즈』에서 주인공이 "일밖에 몰랐던 인간"(박민규, 2003:237)에서 삶의 아름다움을 찾는 인간, 자유로운 인간으로 다시 태어난 것처럼 노동의 압박에서 해방된 사람들은 취향에 따라 다양한 취미생활을 즐기며 나아가서 상당한 수준의 예술가가 될 수도 있다.

높은 실업률과 가혹한 경쟁으로 고통 받는 이들이 대량으로 존재하는 오늘날의 신자유주의 세계를 대체할 대안 사회는 성장의 이윤을 분배하여 노동 없이도 인간적 삶을 꾸려나갈 수 있는 그런 사회이다. 엥글러의 주장은 사회주의 몰락 이후에 자본주의에 아무런 대안도 제시하지 못하고 있는 현재의 상황을 타개할 문제제기로 읽을 수 있다. 지난 20년간 무한경쟁의 기치를 높이 내건 신자유주의의 거센 바람이 전 세계를 강타하면서 많은 사람들의 삶이 더욱 팍팍해졌다. 효율성과 이윤창출을 최선의 가치로 삼는 신자유주의 원칙에 따른 구조조정으로 많은 사람들이 일자리를 잃었고 대신 비정규직 노동자들이 대폭 늘어났다. 많은 시간을 일해도 형편없는 임금을 받는 비정규직 노동자들은 "일하는 가난뱅이"가 되었고, 노동시장에 진입할 기회를 얻지 못한 실업자들은 "인간쓰레기" 취급을 받게 되었다. 정규직 노동자들도 무한경쟁시대에서 살아남기 위해서는 자신의 능력을 남김없이 소진해야 한다. 이러한 상황이 된 것은 우리가 노동이 지배하는 사회에서 살고 있기 때문이다. 따라서 새로운 노동개념이 도입되고 근본적인 인식전환이 일어나지 않는다면 오늘날의 문제를 해결할 수 없다.

엥글러가 제안한 것처럼 완전히 새로운 노동개념을 통해 노동 없이도 인간적인 삶을 꾸려나갈 수 있는 사회나 라파르그나 러셀 그리고 칼렌바크가 꿈꾸는 하루 3-4시간만 일하고 나머지는 모두 인간적 삶을 위해 사용할 수 있는 사회가 된다면 오늘날의 신자유주의 사회가 안고 있는 문제를 근본적으로 해결할 수 있다. 이런 사회에서는 인간과 자연의 관계 역시 재정립되어 평화로운 공존이 가능해질 것이다. 엥글러의 제안은 그러나 결코 실현 불가능한 유토피아적 공상이 아니다. 최근 유럽과 일본, 한국에서 많은 경제학자, 사회학자, 생태주의자들이 <기본소득>과 관련하여 활발한 논의를 펼치고 있는데, 이 기본소득이 도입되면 『에코토피아』나 엥글러가 꿈꾸는 새로운 사회가 좀 더 현실적으로 실현될 수 있을 것이다. <기본소득 basic income, Grundeinkommen>이란 국가가 모든 국민에게 일자리가 있건 없건, 부유하건 가난하건 상관없이 무조건 일정한 액수의 금액을 지불하여 생활을 보장하는 것을 말한다. 다시 말해서 고용과 소득을 분리하여, 사람들에게 고용에 좌우되지 않는 소득을 분배하는 것이다. 최소 생활이 보장되는 기본소득이 모든 국민에게 지급되면 사람들은 노동의 의무로부터 해방되어 각자 자신이 원하는 활동을 하면서 동시에 인간답게 살아갈 수 있다. 게다가 시민의 당연한 권리로서 기본소득을 받게 된다면 인간은 비로소 노동이나 일자리에 대한 편견에서 해방되어 진정한 일을 하는 존재가 될 것이다.[26)]

26) 모든 국민에게 조건 없이 기본소득을 보장해 주자는 주장은 일견 실현 불가능해 보인다. 하지만 이미 많은 경제학자들이 정책적으로 당장 실현 가능하다는 연구결과를 내놓고 있고, 몇 몇 국가에서는 기본소득 도입을 부분적이지만 성공적으로 시행한 바 있다. 알래스카 주에서는 1982년부터 석유채굴로 얻은 부의 일부를 모든 주민에게 차별 없이 영구기금이라는 이름으로 지급하고 있다. 2008년에는 2,069달러 정도를 지급하였는데 이를 통해 주민들의 삶의 질 향상에 커다란 기여를 하고 있다. 이밖에 1970년대에 미국과 캐나다의 일부 지역에서 기본소득이 실험적으로 도입되었고, 브라질에서는 빈곤가구와 극빈가구에 기본급여를 지급하는 부분

각자가 자신의 활동을 통해 하고 싶은 일을 하면서 삶을 즐기고 자신의 관심과 능력을 일깨우는 일을 할 수 있다면 지금까지와는 전혀 새로운 사회가 열릴 것이다.

이러한 사회는 앞으로 우리가 만들어나가야 할 미래의 유토피아이기도 하지만 인류가 한때 이미 이룩하고 달성했거나 현재도 지구촌 한 구석에서는 현실로 존재하고 있는 사회이기도 하다. 원시 수렵 채취 경제를 유지하고 있는 "파푸아의 카파우쿠 족은 이틀 계속해서 일하는 것은 존재하는 않는다고 생각"하고, "쿵 부시맨 족은 하루에 여섯 시간씩 이틀 반을 일하"며, "샌드위치 섬의 남자들은 하루에 네 시간만 일"하고 있기 때문이다. (레빈, 2000:36) 그런 세상이 전 지구적으로 도래하지는 않았지만 문학은 그러한 에코토피아를 우리의 눈앞에 그려보여 줌으로써 우리들의 가슴에 동경과 희망을 불러일으켜 줄 수 있다. 그래서 많은 사람들이 에코토피아에 대한 꿈을 동시에 꾼다면 그것은 한낱 꿈이

기본소득을 실시하고 있으며, 아프리카 나미비아와 인도에서 파일럿 프로그램으로 기본소득 실험이 이루어졌다. 최근 스위스에서는 모든 성인에게 한 달에 2,500 스위스 프랑(약 297만 원)의 기본소득을 지급하는 국민발의법안을 12만 명 이상의 서명을 받아 연방의회에 제출하였다. 이 법안은 2016년에 국민투표에 부쳐질 예정이다. 아직 생태문학이나 문학생태학에서는 기본소득 문제에 관심을 보이지 않고 있는데, 앞으로 생태사회의 실현을 위해 기본소득의 이념을 알리는데 문학생태학이 나름의 역할을 해야 할 필요가 있다. 현재 주로 사회과학자들이 모인 〈기본소득한국네트워크〉가 활발한 활동을 하고 있고, 『녹색평론』도 이 문제를 지속적으로 다루고 있다. 기본소득 관련 참고할 만한 책으로는 바티스트 밀롱도, 권효정 옮김, 『조건 없이 기본소득』, 바다출판사, 2014; 강남훈, 곽노완 등 지음, 『기본소득의 쟁점과 대안사회』, 박종철출판사, 2014.가 있다.

아니라 마침내 현실이 될 수 있다. 생태사회는 개인의 의식과 태도뿐 아니라 모든 사회제도를 생태주의적으로 바꿔야 하기 때문에 다양한 분야에서의 근본적 변혁이 필요하다. 그 변혁의 기본 전제조건이 바로 우리의 의식이 혁명적으로 바뀌는 것이다. 노동에 대한 개념, 직업과 일에 대한 관념, 휴식과 게으름에 대한 생각을 근본적으로 바꾸고 우리 삶의 의미와 목표를 재정립할 때 비로소 새로운 사회를 실현할 수 있다.

인간이 지구생태계와 공존할 수 있을지 아니면 지구상에서 사라져 버리고 말지는 앞으로 우리가 생태사회를 이룰 수 있을지의 여부에 달려있다. 그런 의미에서 앞으로 생태사회를 이루는데 문학생태학 역시 커다란 역할을 담당해야 할 것이다.

참고문헌

강남훈, 곽노완 등 지음, 『기본소득의 쟁점과 대안사회』, 박종철출판사, 2014.

고진하, 이경호 엮음,『새들은 왜 녹색별을 떠나는가. 생태환경시집』, 다산글방, 1991.

고형렬, 『서울은 안녕한가』, 삼진기획, 1991.

김남석, 「미야자키 하야오의 장편 애니메이션에 나타난 생태의식 연구」,『한국언어문화』34집, 2007.

김용민, 『생태문학』, 책세상, 2003.

김욱동, 『문학 생태학을 위하여』, 민음사, 1998.

김욱동, 『생태학적 상상력』, 나무심는 사람, 2003.

김욱동, 『적색에서 녹색으로』, 황금알, 2011.

김지하, 『중심의 괴로움』, 솔, 1994.

김충섭, 「원자력 사고 등급과 주요 사고 -원자력 사고」, 네이버캐스트 2011년 3월 24일.

김환석, 「과학기술에 대한 사회학적 이해」, 앤드루 웹스터 지음, 김환석, 송성수 옮김,『과학기술과 사회』, 한울, 1998.

노만수, 「생태보전과 개발, 그 영원한 싸움」, 주간 동아 2008.3.4, 90-91쪽.

라파르그, 폴, 차영준 옮김, 『게으를 권리』, 필맥, 2009.

러끌레르끄, 자끄, 장익 옮김, 『게으름의 찬양』, 분도출판사, 1986.

러셀, 버트런드, 송은경 옮김, 『게으름에 대한 찬양』, 사회평론, 2005.

루에르, 막시밀리앙, 「만약 지구가 백 명이 사는 마을이라면」, 얀 아르튀스-베르트랑,『발견, 하늘에서 본 지구 366』, 새물결, 2003.

매카시, 헬렌, 조성기 옮김, 『일본 애니메이션의 거장 미야자키 하야오』, 인디북, 2004.

머천트, 캐롤린, 허남혁 옮김, 『래디컬 에콜로지』, 이후, 2001.

문순홍, 『생태학의 담론』, 솔, 1999.

미야자키 하야오, 『바람계곡의 나우시카』, 지브리 스튜디오 1984.

미야자키 하야오, 『원령공주』, 지브리 스튜디오 1997.

밀롱도, 바티스트, 권효정 옮김, 『조건 없이 기본소득』, 바다출판사, 2014.

박노해, 『사람만이 희망이다』, 해냄, 1997.

박민규, 『삼미 슈퍼스타즈의 마지막 팬클럽』, 한겨레신문사, 2003.

박병상, 『내일을 거세하는 생명공학』, 책세상, 2002.

박현정, 「생태문학과 문화생태학 - 문학의 문화생태학적 담론」, 『독일어문학』 제51집(2010).

박형진, 『바구니 속 감자싹은 시들어가고』, 창작과 비평사, 1994.

벅 모스, 수잔, 김정아 옮김, 『발터 벤야민과 아케이드프로젝트』, 문학동네, 2004.

보프, 레오나르도, 김항섭 옮김, 『생태신학』, 가톨릭출판사, 1996.

북친, 머레이, 박홍규 옮김, 『사회생태주의란 무엇인가』. 민음사, 1998.

브로이엘, 비르기트 편저, 윤선구 옮김, 『아젠다 21』, 생각의 나무, 2000.

송민달, 「『문학과 환경』 10년. 한국생태주의 문학이론 연구의 성과와 과제」, 『문학과 환경』, 제11권 1호(2012).

송유레, 「견유주의, 문명을 냉소하다」, 강성용 외, 『문명 밖으로. 주류 문명에 대한 저항 또는 거부』, 한길사, 2011.

시미즈 마사시, 이은주 옮김, 『모성과 카오스, 에로스의 팬터지. 미야자키 하야오 세계로의 초대』, 좋은 책 만들기, 2004.

신덕룡, 「생명시 논의의 흐름과 갈래」, 신덕룡 엮음, 『초록 생명의 길』, 시와 사람, 1997.

신덕룡, 「생명시의 성격과 시적 상상력」, 신덕룡 엮음, 『초록 생명의 길 II』, 시와 사람, 2001.

신덕룡, 『환경위기와 생태학적 상상력』, 실천문학사, 1999.

신동엽, 『신동엽전집』, 창작과 비평사, 1989.

신두호, 「외국문학 분야 문학과 환경이론 성찰 및 연구방향 제안」, 『문학과 환경』, 제11권 1호(2012).

신문수, 「21세기 저탄소사회에서의 문학의 책무: 한국 문학과환경학회 창립 10주년에 부쳐」, 『문학과 환경』, 제10권 2호 (2011).

아르튀스-베르트랑, 얀, 『발견, 하늘에서 본 지구 366』, 새물결, 2003.

안도현, 『북항』, 문학동네, 2012.

양도원, 「하이나르 키프하르트.『오펜하이머 사건』」, 한일섭 편, 『독일 희곡의 이해』, 서강대학교 출판부, 1995.

엘류, 자크, 박광덕 옮김, 『기술의 역사』, 한울, 1996.

우종영, 『게으른 산행』, 한겨레신문사, 2004.

이나바 신이치로, 정윤아 옮김, 『미야자키 하야오의 나우시카를 읽는다』, 미컴, 1999.

이남호, 『녹색을 위한 문학』, 민음사 1998.

이도흠, 「생태론적 패러다임과 문학적 재현」, 『한국언어문화』 제 43집(2010).

이동승, 「독일의 생태시」, 외국문학 1990년 겨울호.

이상헌, 『생태주의』, 책세상, 2011.

정현종, 『한 꽃송이』, 문학과 지성사, 1992.

최종천, 『고양이의 마술』, 실천문학사, 2011.

카프라, 프리초프, 이성범 구윤서 옮김, 『새로운 과학과 문명의 전환』, 범양사출판부, 1985.

칼렌바크, 어니스트, 김석희 옮김, 『에코토피아』, 정신세계사, 1991.

키리도시 리사쿠, 남도현 옮김, 『미야자키 하야오론』, 써드아이, 2002.

프렌치, 힐러리, 주요섭 옮김, 『세계화는 어떻게 지구환경을 파괴하는가』, 도요새, 2001.

황의웅, 『일본 애니메이션의 거장 미야자키 하야오의 세계』, 예솔, 1997.

Bick, Hartmut, Grudzüge der Ökologie, Stuttgart 1998.

Bloch, Ernst, Pinzip Hoffnung, Frankfurt/M. 1985.

Charbon, Remy, Die Naturwissenschaften im modernen deutschen Drama, Zürich und München 1974.

Devall, Bill and George Session, Deep Ecology, Salt Lake City: Gibbs Smith, 1985.

Engler, Wolfgang, Die Ostdeutschen als Avantgarde, Berlin 2002.

Eppler, Erhard, Ist der Mensch zu retten? Hans Henny Jahnn als Ökologe und Kämper für den Frieden, in: Zeitgenosse Hans Henny Jahnn. Ist der Mensch zu retten. Dokumentation der Hamburger Hans-Henny-Jahnn-Woche, Hamburg 1984.

Gassmann, Lothar, Grün war die Hoffnung. Geschichte und Kritik der grünen Bewegung, Kreuzlingen 1994.

Geiger, Heinz, Widerstand und Mitschuld. Zum deutschen Drama von Brecht bis Weiss, Düsseldorf 1973.

Goodbody, Axel, Ökologie und Literatur. Zur Einführung. In: Ökologie und Literatur. Hrsg. v. Axel Goodbody, Amsterdam 1998.

Haeckel, Ernst, Generelle Morphologie der Organismen, Berlin 1866.

Haeckel, Ernst, Generelle Morphologie. in: E. Schramm, Ökologie-Lesebuch, Frankfurt/M. 1984.

Hermand, Jost, Grüne Utopien in Deutschland. Zur Geschichte des ökologischen Bewußtseins, Frankfurt/M. 1991.

Jahnn, Hans Henny, Dramen II. Jubiläumsausgabe in 8 Bänden. Hrsg. v. Ulrich Bitz und Uwe Schweikert, Hamburg 1998.

Kipphardt, Heinar, Theaterstücke Bd. 1, Köln 1978.

Koebner,Thomas, Tendenzen des Dramas, in: Tendenzen der deutschen Gegenwartsliteratur. Hrsg.v. Thomas Koebner, Stuttgart 1984.

Krüger, Jonas Torsten, "unter sterbenden bäumen". Ökologische Texte in Prosa, Lyrik und Theater. Eine grüne Literaturgeschichte von 1945 bis 2000, Marburg 2001.

Lüth, Erich, Hans Henny Jahnn - der Mensch und Akademiepräsident, in: Zeitgenosse Hans Henny Jahnn. Ist der Mensch zu retten. Dokumentation der Hamburger Hans-Henny-Jahnn-Woche, Hamburg 1984.

Mayer-Tasch, P. C. (Hrsg.), Im Gewitter der Geraden. Deutsche Ökolyrik, München 1981.

Meeker, Joseph W., The Comedy of Survival: Studies in Literary Ecology,

New York: Charles Scribner's Sons, 1974.

Prigogine, Ilya, Isabelle Stengers, Dialog mit der Natur, München 1990.

Schäfer, Armin, Biopolitik des Wissens. Hans Henny Jahnns literarisches Archiv des Menschen, Würzburg 1996.

Smith, Henny A., Einige Thesen zu Hans Henny Jahnn, in: Zeitgenosse Hans Henny Jahnn. Ist der Mensch zu retten. Dokumentation der Hamburger Hans-Henny-Jahnn-Woche, Hamburg 1984.

Wekwerth, Manfred, In der Sache J. Robert Oppenheimer, in: Ders.: Notate. Zur Arbeit des Berliner Ensembles 1956-1966, Frankfurt/M. 1967.

Wolf, Christa, Störfall. Nachrichten eines Tages. Werke 9, München 2001.

Zuckmantel, Dietelm, Tradition und Utopie. Zum Verhältniss der musikalischen Phantasien in Hans Henny Jahnns *Fluß ohne Ufer,* Frankfurt/M. 2004.

"Vielleicht geht es im Osten." Interview mit Wolfgang Engler, in: taz, 2.10.2002.

참고하면 좋을 책들

1. 문순홍, 『생태학의 담론』, 솔, 1999.

문순홍은 1990년대에 국내에 생태학 이론을 집중 소개하여 생태주의를 활성화시킨 선구적 연구자이자 생태사회를 만들기 위해 노력한 사회운동가이다. 2005년에 젊은 나이로 세상을 떠났지만 한국 정치생태학의 기초를 닦고 생태여성론의 틀을 세웠다고 평가받고 있다. 이 책에는 생태주의에 대해 저자가 직접 쓴 여섯 편의 글과 주요 생태주의 이론가들의 글 여덟 편이 번역 수록되어 있다. 저자는 생태담론의 여러 유형과 생태발전론, 생물지역론, 생태여성론, 김지하의 생명론 등에 각 장을 할애하여 깊이 있게 분석하고 있으며, 생태주의 이론에서 중요한 역할을 한 외국 이론가의 글을 번역하고 그 글에 대한 해설을 첨부하였다. 번역 수록된 글에는 근본생태학을 창시한 아르네 네스의 유명한 논문 「외피론자 대 근본론자: 장기적 관점의 생태 운동」을 비롯하여 사회생태주의의 제창자인 머레이 북친의 「사회생태론」이 주목할 만하고, 이 밖에도 생태 사회주의, 생태 맑스주의, 생태 제국주의에 관한 글도 읽어볼 만하다.

2. 머레이 북친, 박홍규 옮김, 『사회생태주의란 무엇인가』. 민음사, 1998; 머레이 북친, 문순홍 옮김, 『사회 생태론의 철학』, 솔, 1997.

이 두 책 모두 사회생태주의를 주창한 미국의 사회학자 머레이 북친의 저서를 우리말로 옮긴 것이다. 북친은 생태계 위기의 원인을 사회구조와 제도에서 찾는다. 그는 "모든 생태적인 문제는 사회문제에 그 뿌리를 갖는다"라는 입장을 바탕으로 현대사회의 위계적이고 권위주의적이며 불평등한 사회구조의 문제가 생태계 문제와 직접적인 연관을 갖고 있음을 분석한다. 사회생태학의 핵심은 지금까지의 기존 생태학에서 설명해온 <인간에 의한 자연의 지배>가 결과적으로 <인간에 대한 인간의 지배>를 야기했다는 이론을 뒤집어서 <인간에 대한 인간의 지배>가 먼저 시작되었고 그것이 <자연에 대한 지배>를 낳았다고 보는 입장이다. 이에 따라 북친은 위 두 책에서 모든 종류의 지배문화에 대해 비판하고 모든 지배와 권위적 관계를 타파한 <생태공동체>를 대안으로 내세우고 있다.

3. 캐롤린 머천트, 허남혁 옮김, 『래티컬 에콜로지』, 이후, 2001.

급진 생태론은 자연과 생태계 파괴를 가져온 인간의 태도, 사고, 사회체제, 문명을 근본적으로 바꿔야 인간과 자연의 공멸을 막을 수 있다는 입장을 근간으로 하고 있다. 이를 위해 "사람과 자연 환경 모두를 지속시켜주는 새로운 형태의 생산, 재생산, 의식구조"를 도입할 것을 주장한다. 진보적 생태여성주의자인 캐롤린 머천트는 이 책에서 이러한 관점에 입각하여 생태론의 다양한 흐름을 소개, 분석, 비판하고 있다. 전 지구적 생태위기를 가져온 근원을 17세기 이후에 등장한 기계론적 세계관과 자기중심적이며 인간중심적인 환경 윤리로 보고, 이를 대체할 생태이론으로 근본 생태론, 영성 생태론, 사회 생태론의 장단점을 살피며 자세하게 소개하고 있다. 그리고 이들 생태론의 제안을 실현하기 위해 어떠한 생태운동을 펼쳐야 할 것인지를 '녹색 정치', '생태여성론', '지속가능한 발전'이라는 관점에서 분석함으로써 이론과 실천의 영역에서의 생태주의를 제시하고 있다.

4. 이상헌, 『생태주의』, 책세상, 2011.

책세상의 <개념사 시리즈>에 속하는 이 책은 생태주의의 다양한 면모를 간단하게 살펴볼 수 있는 개론서이다. 생태주의, 생태학, 환경주의 등의 개념과 생태주의의 역사를 잘 정리하고 있으며, 생태주의의 여러 갈래를 총망라해서 간결한 설명을 덧붙이고 있다. 문명과 사회의 근본적 변혁을 주장하는 '낭만적 생태주의'와 지속가능한 발전과 사회제도의 개혁을 주장하는 '합리주의적 생태주의'로 나누어 생태주의의 다양한 유파를 설명하고 있다. 이 유파에는 근본생태주의, 생태파시즘, 생태 공동체주의, 성찰적 현대화론, 문화적 생태 여성주의, 시장 생태주의, 사회 생태주의, 정치 생태주의, 생태 사회주의, 사회적 생태 여성주의 등 거의 모든 생태주의의 흐름이 속한다. 마지막 장은 생태사회로 어떻게 전환해야 할 것인가를 종합적으로 다루고 있다. 생태주의 전반에 대한 개관을 얻기에 적합한 책이다.

5. 송명규, 『현대 생태사상의 이해』, 따님, 2004.

사회과학 전공자가 현대의 생태사상을 자신의 관점에서 자세하게 설명한 책이다. 책의 제1편은 생태위기와 그 근원을, 제2편은 환경윤리를, 제3편은 생태철학을, 제4편은 녹색사회를 향한 실천을 다루고 있다. 필자는 서문에서 "환경과 생태문제에 대해 고민하는 많은 사람들이 복잡하고 종종 난해하기도 한 현대 환경윤리와 생태철학에 좀 더 쉽고 친근하게 접근할 수 있는 계기를 제공하는 것"이 이 책의 목표라고 밝히고 있다. 환경윤리에 대한 여러 논의를 잘 정리한 점이 이 책의 장점인데, 특히 미국 환경운동에 커다란 역할을 한 알도 레오폴드의 토지윤리를 깊이 있게 다루고 있다. 나아가서 레오폴드의 「토지윤리」를 직접 번역하여 부록으로 수록해 놓았다. 녹색사회를 어떻게 만들 것인가를 탐색하고 있는 마지막 장에서 필자는 환경운동뿐만 아니라 녹색소비운동, 녹색공동체운동, 녹색정치운동 등의 필요성을 역설하며 생명지역주의를 생태마을의 이념적 기초로 제안하고 있다.

6. 신덕룡 엮음, 『초록 생명의 길』, 시와 사람, 1997; 신덕룡 엮음, 『초록 생명의 길 II』, 시와 사람, 2001.

『초록 생명의 길』 1권은 한국에서 생태문학에 대한 논의가 본격적으로 시작된 1990년대에 발표된 생태문학, 특히 생명시와 관련된 논문과 대담을 모은 책이다. 신덕룡의 「생명시 논의의 흐름과 갈래」를 필두로 생명시에 대해 본격적인 분석을 하고 있는 여러 논문을 수록하였다. 생명시뿐만 아니라 환경시, 생태시에 대한 글들과 생명시학, 생태시학, 에코토피아 시학을 정립할 것을 제안하는 글들 역시 실려 있다. 부록은 그때까지 발표된 생명시들을 선별하여 생명시 선집으로 편찬하였다. 2001년까지의 생태문학 논의를 담은 『초록 생명의 길』 제2권의 구성도 1권과 동일한데, 다만 이 책에서는 범위를 더 넓혀서 생태문학 전반에 대한 다양한 논문을 수록하고 있다. 2권에도 역시 부록으로 생명시 선집을 싣고 있어 생태시의 면모를 파악하는데 유용하다.

7. 조규익, 정연정 엮음, 『한국 생태문학 연구 총서 1』, 학고방, 2011.

이 책은 기본적으로 『초록 생명의 길』 연장선상에 있다. 2000년대 들어서면서 국내에서 펼쳐진 생태담론과 생태문학에 대한 주요 논문들을 한자리에 모았다. 이 책은 생태문학 연구에 바탕이 되는 다양한 생태담론을 함께 다루고 있다는 점에서 『초록 생명의 길』과 변별된다. 제1부에서는 <생태적 인간, 생태적 세계관>이라는 제목 하에 생태주의, 생태인, 생태적 세계관, 생명의 철학, 환경윤리, 생태적 인간중심주의에 대한 논의를 싣고 있다. 제2부에는 <종교생태학, 그 존재와 당위>라는 제목 하에 샤머니즘, 불교, 기독교의 생태주의적 측면을 분석하고 이를 문학에서 어떻게 수용하고 발전시킬 것인가를 다룬 논문들을 수록하였다. 이들 논문들은 여러 종교의 생태주의적 특징과 문학과의 연계 가능성을 논했다는 점에서 새로운 지평을 보여준다. 제3부는 <생태여성주의와 현대문학>으로 생태페미니즘에 대한 자세한 분석과 함께 생태페미니즘 시와 문학 그리고 생태여성주의 비평의 가능성을 집중적으로 모색하는 글들을 실었다.

8. 김욱동, 『문학 생태학을 위하여』, 민음사, 1998.

영문학자이자 문학비평가인 김욱동 교수의 책으로 문학생태학과 생태문학을 집중적으로 논의하고 소개한 입문서이다. '문학생태학이란 무엇인가'라는 장을 마련해서 문학생태학에 대한 국내외의 논의와 정의를 소개하고 있으며, 2장부터 4장까지는 '녹색 시', '녹색 소설', '생태 비평'을 다루고 있다. 한국문학 작품뿐 아니라 외국문학 작품까지 풍부하게 인용하면서 생태시와 생태소설을 분석하고 있는 점도 이 책의 장점이다. 또한 문학생태학의 이론적 바탕인 심층생태학과 사회생태학에 대해 잘 정리하였고, 생태페미니즘의 다양한 유형과 가능성을 소개하고 있다. 문학생태학에 대한 길잡이로 유용한 책이다. 김욱동 교수는 이후 『한국의 녹색문화』(2001), 『생태학적 상상력』(2003), 『적색에서 녹색으로』(2011), 『녹색고전(한국편)』(2013) 등의 저서를 통해 고전문학 중에서 생태의식이 담겨있는 작품과 함께 현대의 다양한 생태문학을 분석하는 작업을 지속하고 있다.

9. 김용민, 『생태문학』, 책세상, 2003.

이 책은 <문학과 생태학>, <유럽의 생태주의 전통과 생태문학의 전 단계>, <독일 생태문학의 현 단계>로 구성되어 있다. 제1장에서는 생물학의 한 분과로 출발한 자연과학적 생태학이 인문사회과학 분과까지 확장되고 현대에 이르러 모든 것을 아우르는 종합학문으로 발전한 과정과 이를 바탕으로 생태문학이 대두된 배경, 생태문학의 개념정의와 유형을 정리하고 있다. 제2장에서는 그리스의 생태주의 전통에서 시작하여 루소의 자연사상, 독일 낭만주의의 생태주의적 단초, 19세기 후반에 등장한 생태주의 전통, 대도시와 산업 문명에 대한 비판 등을 다루고 있다. 또한 괴테의 『파우스트』와 릴케의 『말테의 수기』를 생태문학의 전 단계로 분석하고 이를 바탕으로 제

3장에서 독일의 최신 생태문학을 집중적으로 분석하고 있다. 독일 생태시의 역사와 유형 그리고 크리스타 볼프의 『원전사고』를 분석하여 생태사회를 위한 문학의 가능성을 탐구한다.

10. 김종성, 『한국 환경생태소설 연구』, 서정시학, 2012.

한국 문단에는 생태시의 전통이 특히 강하고 그에 따라 생태시에 대한 연구가 활발하다. 그에 비해 생태소설에 대한 연구는 많지 않은 편이다. 이 책은 1960년대 이후 발표된 한국 현대소설 가운데 조세희, 김원일, 한승원의 작품에 나타난 생태의식을 사회생태학적 입장으로 분석하고 있다. 한국은 1960년대 이후 급격한 산업화로 인해 자연과 인간 모두가 황폐해졌는데 이를 현대소설에서 어떻게 다루고 있으며, 시대가 바뀌면서 문제의식이 어떻게 변화하였으며, 어떠한 대안이 제시되었는가를 세 작가의 작품을 통해 밝히고 있다. 이를 저자는 <산업사회의 현실과 조세희의 환경생태학적 인식>, <삶의 황폐화와 김원일의 환경생태학적 비판>, <인간과 자연에 대한 한승원의 환경생태학적 모색>이라는 주제로 다룬다. 이 책의 서두에는 생태문학에 대한 한국에서의 다양한 논의를 정리하면서 관련 논문과 저서들을 소개하는 생태문학 연구사를 실어서 후속 연구를 위한 길잡이 역할을 하고 있다.

11. Cheryll Glotfelty, Harold Fromm, *The Ecocriticism Reader: Landmarks in Literary Ecology*, Univ of Georgia Press, 1996.

문학생태학과 생태비평에 관한 중요한 글들을 모은 선집으로 전 세계 문학생태학 연구에 커다란 영향을 끼친 책이다. 이 책에는 편저자인 글롯펠티의 서문 「환경위기 시대의 문학연구」를 비롯하여 생태주의 이론에 관한 논문들, 소설과 드라마를 분석한 생태비평문들이 실려 있다. 수록된 논문 중에서 린 화이트(Lynn White)의 「생태적 위기의 역사적 원인」이 주목할 만하다. 화이트는 서양의 산업과 기술이 초래한 환경오염과 생태계 파괴의 문제를 지적하며 그 원인을 인간중심의 가치관과 자연 경시의 태도에서 찾고 있고 그 뿌리를 기독교적 세계관과 결부시키고 있다. 이밖에 윌리암 루컷(William Rueckert)은 「문학과 생태학: 생태비평의 하나의 실험」에서 생태비평이 인간 공동체와 자연 공동체가 생물권에서 공존하고 협력할 수 있는 토대를 어떻게 마련해야 할 것인가를 탐구하고 있다. 이 책이 나온 이후 영미권에서 상당히 많은 문학생태학 및 생태비평 관련 독본과 연구서들이 출판되었다. 그중 최신 연구서로는 34편의 논문을 수록한 600페이지에 달하는 생태비평 핸드북이 2014년에 옥스퍼드 출판사에서 나왔다. Greg Garrard, *The Oxford Handbook of Ecocriticism*, Oxford University Press, 2014.

〈문학의 기본개념〉총서를 펴내며

연세대학교 유럽사회문화연구소는 문학과 문화를 공부하는 이들을 위한 입문서로 <문학의 기본개념> 총서를 펴냅니다. 이 총서는 문학을 배우거나 가르칠 때 자주 접하게 되는 주요 개념과 용어, 그리고 문학 현상과 관련된 여러 가지 주제와 이론을 쉽고 체계적으로 설명하는 책들로 꾸며집니다. 동시에 보다 심화된 공부를 위한 디딤돌로 사용할 수 있도록 국내의 연구 성과를 검토하고 최신의 연구 동향을 소개합니다.

지금까지 비슷한 시리즈나 연구서가 없었던 것은 아니지만, 외국 서적을 번역하거나 다루는 항목이 많지 않아서 입문서로서는 아쉬운 점이 많았습니다. 많은 경우 '우리'의 문학 입문서로서 갖추어야 할 현장감과 균형 감각이 크게 부족했고, 너무 전문적이라는 문제도 있었습니다. 우리나라의 문학연구 수준이 자체적으로 문학의 기본 개념을 집필할 수 있는 수준에 이르렀는데도 여전히 번역물에 의존하는 점도 아쉬웠습니다.

<문학의 기본개념> 총서는 이러한 문제점을 인식하고 기획되었습니다. 우선 각 분야의 우리 연구자들이 직접 주제를 선정하고 집필하는 방식을 택하였습니다. 또한 번역물이 지닐 수 없는 미덕, 즉 우리말을 최대한 정확하고 유려하게 쓰고, 우리 문학 작품이나 국역된 외국 작품을 예문으로 삼

아 설명함으로써 독자들의 이해를 돕고, 스스로 작품을 찾아 읽어볼 수 있게 배려하였습니다. 나아가 우리나라의 대학교육현장에서 강의하고 연구한 경험이 배어있는 글쓰기를 추구하고자 하였습니다.

<문학의 기본개념> 총서는 2001년 3월부터 필자를 공개 모집하기 시작하여 2003년 2월에 처음으로 1차분 네 권을 선보인 이래, 50권 발간을 목표로 꾸준히 출간되고 있습니다. 이 총서는 전국에 있는 모든 문학 연구자에게 집필의 장을 활짝 열어 놓고 있습니다. 소수의 전공자들만 읽는 학술지를 제외하고는 마땅한 글쓰기 장을 찾지 못했던 분들은 이 총서를 통해 좀 더 폭넓은 독자들과 만날 수 있을 것입니다. 뜻과 역량을 갖춘 연구자 여러분들의 적극적인 동참을 기대합니다. 유럽사회문화연구소 홈페이지(http://web.yonsei.ac.kr/ieurope)에 자세한 정보와 집필 신청서가 있습니다.

이 총서가 출간되기까지 많은 이들이 헌신적으로 도우셨습니다. 총서를 기획하고 발판을 마련한 (전)유럽문화정보센터의 초대 연구소장인 고영석 교수와 특히, 온 힘을 다해 애써준 1기 편집 위원 이경덕, 윤정임, 안소현, 김경식, 한수영, 이선미, 오정숙 선생의 노고를 기록해 두려 합니다. 또한 2기와 3기, 4기 편집 책임자인 김경식, 박은경, 신성엽 선생의 땀방울도 총서에 스며있습니다. 연세대학교는 연구비 지원을 통해 기획과 집필이 가능하도록 도와주었습니다. 고마운 일입니다. 연세대학교 대학출판문화원은 출판을 맡아

수고해 주셨습니다. 이 모든 노고를 통해 우리의 문학/문화 연구 기반이 더욱 탄탄해지기를 기대해 봅니다.